ALEXANDER NIGGEMANN
ERFOLGREICHER

Erreiche deine Ziele mithilfe der 5B - Strategie

Die 5B - Strategie von ALEXANDER NIGGEMANN

ratio books

Verantwortlich für den Inhalt: Alexander Niggemann

Unterstützt von Künstlicher Intelligenz: Dieses Buch wurde mit der Hilfe von Künstlicher Intelligenz (KI) entwickelt. Die KI trug dazu bei, Erkenntnisse und Inspirationen bezüglich der 5B-Strategie und ihrer Anwendung in agilen Methoden zu sammeln. Sie half dabei, Daten und Ansichten zu analysieren, eigene Texte anzupassen, um den Autor in der Konzeption dieses Werkes zu unterstützen. Die KI diente als Instrument, um die Möglichkeiten moderner Technologie zur Erweiterung unseres Verständnisses und unserer Kenntnisse zu nutzen.

Haftungsausschluss: Obwohl der Inhalt dieses Buches mit größter Sorgfalt recherchiert und zusammengestellt wurde, übernimmt der Herausgeber keine Garantie für die Korrektheit, Vollständigkeit und Aktualität der bereitgestellten Daten. Jegliche Haftung für Schäden, die durch die Nutzung dieses Buches entstehen könnten, wird ausdrücklich ausgeschlossen.

Urheberrechtshinweis: Die Nutzung, Reproduktion oder Verbreitung des Inhalts dieses Buches, sei es vollständig oder in Teilen, ist ohne die ausdrückliche schriftliche Zustimmung des Herausgebers untersagt. Dieses Buch ist urheberrechtlich geschützt.

Alle Rechte sind vorbehalten.

Profilbild: Dominik Pfau

Grafiken der 5Bs Strategie Masterclass & Auszüge: www.visualfacilitators.com

© 2023

Impressum

Verlag ratio-books • 53797 Lohmar • Danziger Str. 30

info@ratio-books.de • Tel.: (0 22 46) 94 92 61 • Fax: (0 22 46) 94 92 24

www.ratio-books.de

ISBN: 978-3-96136-182-3 (Hardcover)

ISBN: 978-3-96136-183-0 (Softcover)

ISBN: 978-3-96136-184-7 (E-Book)

published by

Ich widme dieses Buch meiner Frau und meinem Sohn.

Vorwort

Als ich diesen Weg begonnen habe, dieses Buch zu schreiben, habe ich einen Ghostwriter engagiert, um mir zu helfen. Ich dachte, es wäre einfacher, meine Gedanken und Erfahrungen schneller auf Papier zu bringen. Aber was ich zurückbekam, spiegelte nicht wirklich wider, was ich dir mitteilen möchte.

Dies hat mir noch einmal vor Augen geführt, wie entscheidend es ist, sich für die richtigen „Buddies" zu entscheiden. Es ist so wichtig, Menschen an seiner Seite zu haben, die die gleiche Vision teilen, unterstützen und bereit sind, den Weg mitzugehen. Ein falscher Partner kann dich weit von deinem Ziel abbringen, aber der richtige kann dich näher zu deinem wahren Selbst bringen.

Hier möchte ich einen besonderen Menschen erwähnen: Franz König. Ein großartiger Mentor und Verleger, der an meiner Seite war und mich ermutigt hat, nicht aufzugeben. Ohne seine Unterstützung und seinen Glauben an mich wäre dieses Buch vielleicht nie entstanden.

Also, lieber Leser, das Buch, das du jetzt in den Händen hältst, ist ein Teil meiner Geschichte, es ist auch das Ergebnis von Fehltritten, Herausforderungen und Triumphen. Es ist eine Reise und eine Botschaft über die Bedeutung der richtigen Begleiter in deinem Leben.

Ich danke dir, dass du dich dafür entschieden hast, meine Geschichte zu lesen. Ich hoffe, du findest hier Inspiration und Erkenntnisse, die dir in deinem eigenen Leben helfen.

Mögest du immer, die richtigen „Buddies" für deine Reise auszuwählen.

Herzlichst, Alexander

Inhalt

Vorwort 4
Einleitung 10
Meine Entdeckungsreise zur 5B-Strategie 20
Bestandsaufnahme:
Wie ich meine Ressourcen für meine Ziele
effektiv nutzte. 25
Warum ein starkes erstes grobes „BOLD WHY"
der Schlüssel zum Erfolg ist. 29
Die 5B-Strategie im Überblick (Grundlage) 38
Die 5B-Strategie (Vorbereitung) 51
   B für Buddies 52
   B wie Brain 60
   B wie Body 66
   B wie BlackBox 73
   B wie Business 79
Die 5B-Strategie „Takeoff Briefing" kurz vor dem Start ... 85
Die 5B-Strategie (Durchführung) 101
   Tag 1:
   Dein roter Faden zum Erfolg, Buddies and Brain 102
   Schritt 1:
   In nur fünf Schritten zur Landkarte Vom Ende her denken:
   Der erste Schritt zum langfristigen Erfolg 103
   Schritt 2:
   Stakeholder auf der linken Seite, Ziele auf der rechten Seite:
   So behältst du den Überblick. 106
   Schritt 3:
   Wie erstelle ich einen funktionalen Fahrplan? 108
   Schritt 4:
   Klare Verbindung durch Pfeile und Worte:
   Schritte sinnvoll verknüpfen 109

Schritt 5:
Feedback einholen für einen korrekten Fahrplan.. 109
Zusammenfassung: Fünf Schritte zum einfachen Fahrplan.. 110

Tag 2
Schritt 2: „Neu kombinieren und verbessern:
Lösungsansätze erarbeiten im Sprint". 122
1. Notizen: Stelle den TimeTimer auf 20 Minuten. 127
2. Ideenfindung: Stelle den TimeTimer
wieder auf 20 Minuten 128
3. „Die verrückten 8":
Stelle den TimeTimer auf 8×1 Minute.. 128
4. Die Lösungsskizze: Stelle den TimeTimer auf 30 Minuten 129
Auswahl der fünf Interviewgäste für den letzten Tag 131

Tag 3
3. Schritt: Tag der Entscheidung / Welcher Prototyp
wird entwickelt und gebaut?. 133
Grenzen der Entscheidung:
Wie man den optimalen Entscheidungsprozess
für agiles Arbeiten findet. 135
1. Kreativ entscheiden:
Schritt für Schritt zur Lösung mit Klebezetteln
und Wandgalerie. .. .. .136
2. Heatmap.. 137
3. Kurzkritik – Ideenanalyse in Meetings: Schritt-für-Schritt-
Anleitung für effektive Diskussionen und
Entscheidungsfindung 139
4. Abstimmung Generalprobe: 142
5. Abschließende Abstimmung. 144
Note-and-Vote 145
Das Storyboard – „Willkommen in Hollywood". 147

Tag 4
4. Schritt – Prototyping 153
Der Prototyp-Prozess: Vom Brainstorming zum Probelauf .. 153
Die Prototyp-Mentalität 156

Tag 5
5. Schritt Vor der großen Entscheidung:
Kundeninterviews mit der richtigen Zielgruppe im Sprint .. 163
Effektives Kundenfeedback:
Die fünf Schritte des Interviewprozesses 167
„Beobachten, sammeln und nutzen – fast am Ziel" 172

Gold Goal: Wie geht es weiter? 177
Schlussbemerkung 180
Checklisten 185
Über den Autor 208

Die 5B-Strategie

Einleitung

Stell dir vor, du könntest all deine Ideen in die Tat umsetzen und damit erfolgreich sein. Wie wäre es, wenn du herausfinden könntest, dass deine Idee nicht nur großartig ist, sondern auch tatsächlich Geld einbringt?

Ich persönlich denke, dass Strategien wichtig sind. Allerdings muss jeder die Strategie finden, die für ihn, für die jeweilige Situation, die richtige ist, um die Ergebnisse zu erzielen, die man sich wünscht. Deshalb habe ich die 5B-Strategie entwickelt, die für sehr viele Menschen geeignet ist. Ich habe viele Menschen kennengelernt, die großartige Ideen hatten und fest davon überzeugt waren, dass ihre Idee der Durchbruch für den finanziellen Erfolg oder die Lösung eines Problems sein würde.

Es ist eine Sache, an eine Idee zu glauben und sie zu verfolgen. Aber wenn man keine klare Strategie hat, kann es Jahre dauern, bis man merkt, dass es nicht weitergeht oder dass das Geld ausgeht, ohne dass man wirklich etwas erreicht hat. Viele Menschen investieren viel Zeit und Ressourcen in ihre Ideen, ohne wirklich zu wissen, ob sie erfolgreich sein werden oder nicht.

Ohne eine klare Strategie fehlt die Orientierung und die Gewissheit, dass die Schritte, die man unternimmt, auch wirklich zum Erfolg führen. Es ist wie ein Blindflug, bei dem man sich durchprobieren muss, ohne zu wissen, ob man am Ende das Ziel erreicht. Das kann sehr frustrierend sein und dazu führen, dass man irgendwann aufgibt.

Eine Strategie gibt einem hingegen Klarheit und Sicherheit. Man weiß, was zu tun ist, um das Ziel zu erreichen, und man kann seine Fortschritte überwachen und anpassen. Dadurch spart man Zeit und

Ressourcen, da man sich auf diejenigen Schritte konzentriert, die wirklich zum Erfolg führen.

Es ist also wichtig, eine klare Strategie zu haben, um sicherzustellen, dass man die bestmöglichen Chancen hat, seine Ideen erfolgreich umzusetzen. Ohne eine Strategie ist es wie ein Wettrennen ohne Ziel – man läuft, aber kommt nicht wirklich voran.

Es scheint, als ob manche Menschen eine Art innere Triebkraft haben, die ihnen hilft, ihre Ideen in die Tat umzusetzen. Sie haben eine bestimmte Methode oder Strategie entwickelt, die ihnen dabei hilft, ihre Visionen und Ziele in die Realität umzusetzen. Oftmals kommt es darauf an, wie man sich mental auf die Umsetzung seiner Ideen vorbereitet und wie man sich selbst motiviert. Auch ein strukturiertes Vorgehen kann helfen, um Hindernisse aus dem Weg zu räumen und konsequent an seinem Ziel zu arbeiten.

Ich habe im Laufe meiner Beratungstätigkeit verschiedene Methoden und Strategien kennengelernt, die helfen können, die Umsetzung von Ideen zu erleichtern. Eine Methode, die ich selbst aufgrund meiner Erfahrungswerte entwickelte und erfolgreich einsetze, ist meine 5B-Strategie. Mit dieser Strategie kann man sich gezielt auf die Umsetzung seiner Ideen fokussieren und Hindernisse identifizieren und lösen.

Wichtig ist auch das Umfeld, in dem man sich bewegt. Es kann helfen, sich mit Menschen zu umgeben, die ähnliche Ziele und Visionen haben, und sich gegenseitig motivieren und unterstützen. Networking und der Austausch mit anderen können ebenfalls sehr hilfreich sein.

Insgesamt gibt es viele Faktoren, die dabei helfen können, Ideen und Ziele in die Tat umzusetzen. Es ist wichtig, eine Strategie zu haben und konsequent daran zu arbeiten, aber auch flexibel zu bleiben und sich auf Veränderungen einzustellen. Mit der richtigen Einstellung und den passenden Werkzeugen kann jeder seine Ideen verwirklichen und erfolgreich sein.

Es geht also nicht um einen angeborenen Erfolgsfaktor, sondern um erlernte Fähigkeiten und Methoden, die auch von anderen erworben werden können. Oftmals ist es hilfreich, sich mit erfolgreichen Menschen auszutauschen und von ihnen zu lernen. Doch es gibt auch einige grundlegende Prinzipien, die helfen können, Ideen und Ziele in die Umsetzung zu bringen.

Eine wichtige Voraussetzung ist zum Beispiel eine klare Zielsetzung. Wenn das Ziel nicht eindeutig formuliert ist, fällt es schwer, einen Plan zur Umsetzung zu entwickeln und die notwendigen Schritte zu identifizieren. Eine weitere wichtige Fähigkeit ist die Priorisierung, um sich auf die wesentlichen Schritte zu konzentrieren und Zeit und Ressourcen effektiv einzusetzen.

Eine weitere Methode, die erfolgreiche Menschen nutzen, ist die Visualisierung. Durch die Vorstellung der erfolgreichen Umsetzung der Idee oder des Ziels wird das Unterbewusstsein auf das Ziel ausgerichtet und das Handeln darauf abgestimmt. Auch die Fähigkeit, sich selbst zu motivieren und sich von Rückschlägen nicht entmutigen zu lassen, ist eine wichtige Voraussetzung für den Erfolg.

Umgeben von motivierten und unterstützenden Menschen fällt es leichter, eigene Ideen und Ziele umzusetzen. Wer sich also in einem Umfeld bewegt, das positiv und förderlich ist, kann seine Chancen auf Erfolg deutlich erhöhen.

Kurzum, es gibt viele Methoden und Fähigkeiten, die dabei helfen, Ideen und Ziele erfolgreich umzusetzen. Indem man sich diese aneignet und kontinuierlich daran arbeitet, kann man seinen eigenen Erfolgsweg ebnen.

Eine Strategie ist entscheidend, um erfolgreich im Online-Business oder im analogen Geschäft zu sein. Viele Menschen haben tolle Ideen, aber ohne eine klare Strategie und einen Plan, wie man diese Idee umsetzen kann, wird es schwierig, erfolgreich zu sein. Es braucht Zeit, harte Arbeit und oft auch Investitionen, um das Ziel zu erreichen.

Das schnelle Geld im Internet zu verdienen ist nicht so einfach, wie es oft dargestellt wird. Affiliate Marketing, Webinare und Masterclasses können zwar Möglichkeiten sein, aber auch hier ist eine kluge Strategie notwendig, um erfolgreich zu werden.

Im Endeffekt geht es darum, eine Strategie zu haben, die klare Antworten auf wichtige Fragen liefert. Wie werde ich meine Idee zum Erfolg führen? Wie werde ich mit meiner Idee Geld verdienen? Wie werde ich mit meiner Idee zu Ruhm und Ehre kommen? Mit einer klugen Strategie und viel Fleiß und Arbeit ist es möglich, diese Fragen zu beantworten und erfolgreich zu sein, egal ob im Online-Business oder im analogen Geschäft.

Nun komme ich zur Eingangsfrage zurück: „Was wäre, wenn?" Darauf gibt es sicherlich eine Antwort, fragte ich mich irgendwann!

Im Jahr 2016 fiel mir ein Buch in die Hände, das mein Denken veränderte. Es trug den Titel „Rock your Ideas" und enthielt faszinierende Geschäftsideen, die versuchten, in bare Münze umgewandelt zu werden. Doch es gab auch viele Gründe, warum es nicht funktioniert haben könnte. Einige davon waren, dass wir unserer Zeit voraus waren und es für unser Produkt noch keine Nachfrage gab oder der Markt das Produkt überhaupt nicht verstand.

Das Buch zeigte auch Methoden auf, die mit Kreativität einhergingen, um solche Geschäftsideen ins Leben zu rufen. Doch es lieferte keine genauen Antworten, wie das genau funktioniert. Stattdessen empfahl der Autor, im Internet zu recherchieren und Ratgeber zu nutzen, die dabei helfen sollen, seine Geschäftsideen in bare Münze zu verwandeln. Obwohl das Buch keine konkreten Anleitungen enthielt, inspirierte es mich dazu, meine Ideen auf neue Art und Weise zu betrachten und nach Wegen zu suchen, um sie erfolgreich umzusetzen.

Damals fragte ich mich, ob das wirklich alles gewesen sein konnte. Das Buch hatte viele tolle Ideen, aber mir fehlte die Anleitung, um diese Ideen in die Tat umzusetzen. Also beschloss ich, nicht nur über eine eigene Webseite nachzudenken, sondern stattdessen meine eigene 5B-Strategie zu entwickeln.

Ich kann dir versichern, dass meine eigene Lebenserfahrung dazu beigetragen hat, dieses Buch zu schreiben. Aber warum sollte ich gleich in der Einleitung damit beginnen? Ich verspreche dir, dass dieses Buch dich an vielen Stellen überraschen wird und dir eine Anleitung bietet, um deine Ideen und Ziele erfolgreich umzusetzen. Dabei geht es nicht nur darum, Antworten auf deine Fragen zu finden, sondern auch darum, deine Visionen in kurzer Zeit in die Tat umzusetzen und dadurch Zeit und Geld zu sparen. Du wirst dabei lernen, wie erfolgreiche Unternehmer arbeiten und wie sie sich auf das Wesentliche konzentrieren, indem sie genau wissen, was sie tun. Dies ist eine der wichtigsten Lektionen, die ich von einem erfolgreichen Unternehmer gelernt habe und die ich gerne mit dir teilen möchte.

Mit diesem Buch erhältst du eine klare Anleitung, wie du deine Ideen schnell in konkrete Entscheidungen umsetzen und somit schnell voranschreiten kannst.

Dieses Buch ist kein Zauberstab, der dich über Nacht zum Millionär oder Superstar macht. Aber es ist ein wertvolles Werkzeug, das dir dabei hilft, deine Ideen und Ziele auf eine erfolgreiche Weise Wirklichkeit werden zu lassen. Hier findest du Anleitungen, Tipps und Strategien, die dich Schritt für Schritt zu deinen Zielen führen und dir helfen, deine Vision zu verwirklichen.

Du fragst dich sicherlich, wie ich zu meiner persönlichen Strategie gefunden habe? Ich hatte oft das Gefühl, dass mein richtiges Leben erst nach der Schulzeit begann. Erst durch meine Ausbildung und später im Studium wurde mir klar, dass lebenslanges Lernen für mich unerlässlich ist.

Ich war fasziniert von der Schnelligkeit und Effektivität, mit der einige Menschen ihre Ziele erreichten. Zunächst dachte ich, dass es nur durch harte Arbeit und unzählige Stunden möglich wäre, aber bald wurde mir klar, dass das Gegenteil der Fall war. Diese Menschen hatten offensichtlich kluge Strategien und konnten ihre Ziele mit scheinbarer Leichtigkeit und Smartness erreichen.

Ich habe festgestellt, dass das Wissen, das ich erlangt hatte, nicht ausreiche, um meine unternehmerischen Ideen und Ziele erfolgreich umzusetzen. Es war veraltet und hatte nur eine begrenzte Halbwertzeit. Daher begann ich, nach neuen Möglichkeiten und Lernstrategien zu suchen, um meine Ziele schneller und effektiver zu erreichen, um meine Fähigkeiten zu verbessern und Dinge besser im Gedächtnis zu behalten.

Im Laufe meiner Suche stieß ich auf eine Vielzahl von kreativen Ansätzen, wie Mindmapping, Speedreading und Design Thinking, die mir halfen, Ideen schneller umzusetzen. Doch obwohl jede dieser Strategien ihre Vor- und Nachteile hatte, schien keine von ihnen alle meine Bedürfnisse zu erfüllen.

Ich ließ mich nicht entmutigen und machte mich weiter auf den Weg, um die Erfolgsfaktoren zu finden, die notwendig sind, um Ideen erfolgreich umzusetzen und damit auch wirtschaftlichen Erfolg zu erzielen.

Ich war auf der Suche nach Antworten und habe mich in der Literatur umgeschaut. Ich habe viele Bücher über Geld, Aktien, die Börse,

Kryptowährungen, Immobilieninvestments, Edelmetalle, Metalle und andere Themen gelesen, die sich damit beschäftigen, wie man Geld verdienen kann.

Ich eröffnete mir dabei auch die Möglichkeit, Wege zu entdecken, wie man mit weniger Aufwand und in derselben Zeit wie andere Menschen zu Wohlstand und finanzieller Freiheit gelangen kann.

Irgendwann stellte ich mir schließlich die Frage, was einen Millionär von einem (noch) Nicht-Millionär unterscheidet und was beide in derselben Zeit tun. Die Antwort war verblüffend einfach: Beide haben 24 Stunden Zeit, aber offensichtlich macht der Millionär etwas anders. Ich fragte mich, was dieses „andere" wohl sein könnte, und stieß auf eine entscheidende Antwort – der Millionär kennt andere Millionäre. Auf dieser Grundlage wurde mir schnell klar, dass mein Umfeld maßgeblich für meinen Erfolg, mein Mindset und das, was ich tue oder eben nicht tue, verantwortlich ist. Es gibt auch Menschen, die das auf die fünf Personen in deinem direkten Umfeld beziehen, mit denen du zu tun hast, getreu dem Motto: „Bist du der Durchschnitt der fünf Menschen, mit denen du die meiste Zeit verbringst?" Ich gab diesem Umfeld an dieser Stelle bereits einen Namen und nannte es „Buddies".

Wenn es darum geht, seine Ideen und Ziele schnell und effektiv zu erreichen, ist es nicht nur wichtig, über Muskelkraft zu verfügen. Vielmehr spielt auch die Wahl der richtigen Werkzeuge eine entscheidende Rolle, die ich in meinem Konzept unter dem Punkt „Body" zusammenfasse.

Beim Nachdenken darüber, was es braucht, um Ideen und Ziele schnellstmöglich zu erreichen, erinnerte ich mich an erfolgreiche Menschen, die ihre Fortschritte und Ziele aufschrieben. Ich selbst konnte früher bereits mit Hilfe eines kleinen roten Fadens Projekte mühelos in die Tat umsetzen. Diese Technik, die ich in meiner Strategie als „Brain" bezeichne, ist somit ein entscheidender Faktor auf dem Weg zum Erfolg.

In der deutschen Ingenieurskultur ist es unüblich, Fehler zu machen. Oft hatte ich das Gefühl, dass wir in einer Nullfehler-Kultur leben, aber in der realen Welt musste ich feststellen, dass das Gegenteil der Fall ist.

Experten treffen nicht immer die besten Entscheidungen und schneiden manchmal sogar schlechter ab als Affen, die zufällig die richtigen Antworten auswählen. Wusstest du zum Beispiel, dass Schimpansen im Durchschnitt eine Trefferquote von 50% bei Multiple-Choice-Tests haben, während Experten nur bei etwa 33% liegen? Das zeigt, dass es nicht immer auf Expertise ankommt und dass manchmal auch der Zufall eine Rolle spielen kann.

Aber dann bemerkte ich schnell etwas, das ich mir aus dem Sport abgeschaut hatte. Hochleistungssportler, insbesondere im Fußball, zeichnen nicht nur ihre Spiele auf, sondern nutzen diese Aufnahmen auch, um an ihren Fähigkeiten zu arbeiten und ihre Standards zu verbessern. Das hat absolut nichts mit einer Null-Fehler-Kultur zu tun, sondern vielmehr damit, eine Fehlerkultur zu leben.

Ein Geschenk, das ich für mich entdeckte und das zu einem meiner Favoriten wurde, ist das BlackBox-Prinzip. Es ist eine einfache Methode, die sich leicht umsetzen lässt: Mit einem Smartphone, das eine 4K-Kamera mit 60 Bildern pro Sekunde und ein Tonbandgerät oder einen Fieldrecorder enthält, kannst du deine Fortschritte dokumentieren. Doch ein Werkzeug, das oft übersehen wird, ist der gute alte Stift und Papier. Es erinnert mich an meine Schulzeit, aber es ist ein Werkzeug, das wir niemals vergessen sollten. Es sorgt für Gerechtigkeit, indem du Stift und Papier als Werkzeug nutzt, um alle Teilnehmer auf die gleiche Ebene zu bringen, und du gibst jedem die Möglichkeit, seine Ideen und Ziele erfolgreich in die Tat umzusetzen.

Stell dir vor, du könntest mit nur einem einfachen Werkzeug und ohne technische Vorkenntnisse eine Idee in kürzester Zeit zum Leben erwecken und Entscheidungen schneller als je zuvor treffen. Das ist möglich, wenn du alle vier bereits genannten Bs im letzten und fünften B zusammenführst und das B für Business in dein Team etablierst.

Egal ob du an der Ideenentwicklung für dein eigenes Unternehmen arbeitest oder mit anderen kollaborierst, du kannst innerhalb von nur fünf Tagen die nächste wesentliche Entscheidung treffen und deine Ideen erfolgreich umsetzen. Lass deine großen Ideen nicht im Papierkorb oder in der Schublade verschwinden, sondern gib ihnen eine Chance, lebendig zu werden!

Willkommen zu einer kleinen Reise, die dir hilft, deine Ideen und Ziele zum Leben zu erwecken! Diese Strategie habe ich für all diejenigen entwickelt, die richtig durchstarten und erfolgreich sein möchten. Und ich möchte dich persönlich einladen, dabei zu sein – entweder während du dieses Buch liest oder danach, vielleicht auch mit meiner Unterstützung. Lass uns gemeinsam deine Träume verwirklichen!

Abb. 1: Die 5 Bs im Überblick

Meine Entdeckungsreise zur 5B-Strategie

Meine Suche nach der perfekten Strategie begann mit einem Gefühl der Unsicherheit. Doch genau dieses Gefühl hat mich geprägt und mir den Anstoß gegeben, mich auf eine Entdeckungsreise zu begeben. Ich war neugierig, was es bereits auf dieser wunderbaren Welt gab – unterschiedliche Strategien, Methoden und Werkzeuge. Ich schaute auch in meinem eigenen Umfeld nach und machte eine einfache Aufstellung der Ressourcen, die mir zum Startpunkt meiner Strategieentwicklung zur Verfügung standen. Dazu gehörten Bücher über Scrum, Sprint oder das Buch „Starte immer mit dem Warum" von Simon Sinek. Besonders der Goldene Kreis von Sinek und das Buch „Sprint" von Jake Knapp sollten wesentliche Grundlagen meiner Strategie darstellen. Aber dazu mehr im späteren Verlauf.

Wenn es darum geht, erfolgreiche Strategien zu entwickeln, gibt es viele verschiedene Ansätze und Methoden, die man anwenden kann. Für mich haben vor allem agile Methoden einen großen Einfluss auf meine Denkweise und Herangehensweise an die Strategieentwicklung gehabt. Aus diesem Grund habe ich beschlossen, meine eigene Strategie zu entwickeln, die auf einer Mischung aus agilen Methoden und bewährten Strategieprinzipien basiert.

Meine 5B-Strategie besteht aus fünf einfachen Schritten, die ich im Folgenden genauer erläutern werde. Der **erste Schritt** besteht darin, eine Bestandsaufnahme durchzuführen. Wie der CEO von IBM einmal sagte, ist es wichtig, zunächst zu prüfen, welche Mittel einem aktuell zur Verfügung stehen, und nicht zu versuchen, die Welt neu zu erfinden. Der CEO von IBM, der den Satz „Es ist wichtig, dass du erstmal schaust, welche Mittel dir aktuell zur Verfügung stehen und versuche die Welt nicht neu zu erfinden" gesagt hat, war Lou Gerstner. Nur wenn man weiß, wo man steht, kann man sinnvoll und gezielt vorgehen.

Im **zweiten Schritt** geht es darum, die langfristigen Ziele zu definieren. Hierbei ist es wichtig, realistisch zu bleiben und sich nicht zu sehr von kurzfristigen Trends und Hypes leiten zu lassen. Ein Zitat von Steve Jobs hat mich hierbei besonders bewegt: „Wenn man genau hinsieht, haben die meisten Erfolge über Nacht sehr lange gedauert." Das bedeutet, dass man sich auf die langfristigen Ziele konzentrieren und geduldig sein sollte.

Im **dritten Schritt** geht es darum, die Strategie zu entwickeln. Hierbei sollten agile Methoden wie Design Thinking, Scrum, Sprint und Lean Startup angewendet werden. Diese Methoden helfen dabei, die Strategie iterativ zu entwickeln und schnell auf Veränderungen im Markt reagieren zu können.

Im **vierten Schritt** geht es darum, die Strategie umzusetzen. Hierbei sollte man sich auf die wichtigsten Ziele und Maßnahmen konzentrieren und diese konsequent verfolgen. Auch hier kann man von agilen Methoden wie Scrum, Sprint und Kanban profitieren, um die Umsetzung effizient und effektiv zu gestalten.

Im **fünften und letzten Schritt** geht es schließlich darum, die Strategie regelmäßig zu überprüfen und anzupassen. Die Welt verändert sich ständig, und auch die Strategie muss sich an neue Bedingungen anpassen. Indem man regelmäßig überprüft, ob die Strategie noch den aktuellen Anforderungen entspricht, kann man sicherstellen, dass man immer auf dem richtigen Kurs bleibt.

Die 5B-Strategie ist einfach, aber dennoch sehr effektiv. Durch die Kombination von bewährten Strategieprinzipien und agilen Methoden kann man schnell und effizient erfolgreiche Strategien entwickeln und umsetzen.

In diesem Buch geht es um die 5B-Strategie, die von mir entwickelt wurde. Ich möchte gerne meine Erfahrungen mit dieser Strategie teilen und wie sie mir geholfen hat, meine Ziele zu erreichen.

Die 5B-Strategie hat mir dabei geholfen, meine Visionen und Ziele klar zu definieren und erfolgreich umzusetzen. Sie besteht aus fünf einfachen Schritten, die ich auf meine Bedürfnisse angepasst habe und die ich in diesem Buch näher beschreiben werde.

Wenn es um Strategie geht, denken die meisten Menschen sofort an Schritte, die in einer bestimmten Reihenfolge ausgeführt werden müssen, um ein Ziel zu erreichen. Tatsächlich gibt es jedoch mehr zu berücksichtigen als nur die Schritte, die man ausführt. In meiner eigenen Strategieentwicklung habe ich fünf wichtige Faktoren identifiziert, die ich als „5 Bs" bezeichne.

Das erste „B" steht für Buddies. Es ist wichtig, in Kontakt mit Menschen zu bleiben, die einem nahestehen und/oder einen positiven Einfluss auf das Projekt haben. Buddies können auch als Mentoren oder Coaches fungieren und einen dabei unterstützen, die eigenen Ziele zu erreichen.

Das zweite „B" steht für Brain. Eine erfolgreiche Strategie erfordert die Nutzung des eigenen Verstandes und die Entwicklung von mentalen Fähigkeiten. Dazu gehört beispielsweise das Entwickeln von Fokus, Zielsetzung und Durchhaltevermögen. Brain beschreibt auch den roten Faden, den du brauchst, um Ziele zu erreichen.

Das dritte „B" steht für Body. Ein gesunder Körper ist die Grundlage für eine erfolgreiche Strategie. Es geht um deine Muskelkraft, aber auch deine bereits vorhandenen Werkzeuge und ggf. auch die von Dritten.

Das vierte „B" steht für BlackBox. Jeder hat seine eigene „Black-Box" – die Gedanken und Überzeugungen, die unsere Entscheidungen und Handlungen beeinflussen. Eine erfolgreiche Strategie beinhaltet auch die Überprüfung und Optimierung dieser inneren Überzeugungen, um erfolgreich zu sein. Gleichzeitig bieten moderne Geräte wie Smartphones dir die Möglichkeit, deine Arbeit in Echtzeit aufzuzeichnen und auszuwerten und damit auch zu verbessern und anzupassen.

Das fünfte und letzte „B" steht für Business. Das Business bezieht sich hier auf die Umsetzung der Strategie in die Praxis. Es geht darum, die Schritte und Aktionen auszuführen, die notwendig sind, um die eigenen Ziele zu erreichen.

Insgesamt bietet die 5B-Strategie einen umfassenden Ansatz, der über einfache Schritte hinausgeht und wichtige Faktoren berücksichtigt, die zur Entwicklung einer erfolgreichen Strategie beitragen.

Es ist erstaunlich, wie manchmal die besten Ideen aus den einfachsten Dingen entstehen können. In meinem Fall begann alles mit einer Serviette. Ich hatte eine Geschäftsidee, die ich nicht einfach so aufgeben wollte, also nahm ich eine Serviette und begann, meine Ideen darauf zu skizzieren. Mit der Zeit wuchs meine Idee und ich arbeitete daran, sie zu verwirklichen.

Die Serviette blieb ein Symbol für den Anfang meiner Reise, aber es wurde schnell klar, dass es mehr als nur eine Idee war, die auf ihr skizziert wurde. Ich hatte eine Strategie entwickelt, die ich später als meine „5B-Strategie" bezeichnete. Diese Strategie half mir nicht nur bei der Entwicklung meines Geschäfts, sondern wurde auch zu einem wichtigen Werkzeug in vielen anderen Bereichen meines Lebens.

Ich beschloss, meine Strategie in diesem Buch zu teilen, damit auch andere von ihr profitieren können. Mit Beispielen und Anleitungen hoffe ich, dass diese Strategie anderen helfen kann, ihre eigenen Ideen und Ziele zu verwirklichen. Es ist erstaunlich zu sehen, wie aus einer einfachen Serviette, wie in Abbildung 2 zu sehen, etwas wachsen kann, das anderen helfen kann, ihre Träume zu erreichen.

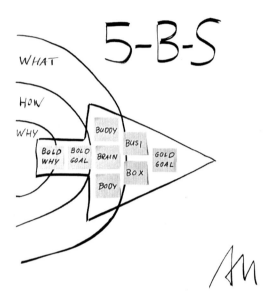

Abb. 2: Erster Entwurf der 5B-Strategie im Servietten-Format

Du möchtest die Checklisten und Grafiken haben, dann schreibe mir eine Email an erfolgreicher@alexanderniggemann.com oder nutze den QR-Code oder nimm über eine direkt Nachricht via LinkedIn Kontakt zu mir auf!

erfolgreicher@
alexanderniggemann.com

https://
alexanderniggemann.com

https://www.linkedin.com/
in/alexander-niggemann

Bestandsaufnahme:
Wie ich meine Ressourcen für meine Ziele effektiv nutzte

Lass uns zuerst eine Bestandsaufnahme machen. Du erinnerst dich vielleicht, dass ich zu Beginn fünf wichtige Faktoren identifiziert hatte, die für die Erreichung meiner Ziele entscheidend sind. Also habe ich mich auf den Weg gemacht und für jeden Faktor notiert, was ich bereits wusste und welche Ressourcen mir zur Verfügung stehen. Anschließend habe ich einen Schritt weitergedacht und überlegt, was ich von meinen Bekannten oder Verwandten noch hinzufügen kann, um meine Ressourcen zu erweitern. Aber damit nicht genug, ich habe auch darüber nachgedacht, was ich von völlig Fremden lernen kann und welche Ressourcen ich gegebenenfalls sogar kostenlos nutzen könnte.

Als ich meine Liste an Ressourcen zusammengestellt habe, war ich überrascht, wie lang sie auf einmal geworden ist. Ich musste anfangen, diese Ressourcen zu clustern, und ich habe eine einfache Matrix – wie die in Abbildung 3 dargestellt – verwendet. Gleichzeitig musste ich aber auch meine zeitlichen Ressourcen hinterfragen. Ich habe oft von anderen gehört, dass sie keine Zeit hätten. Meine Antwort darauf war: „Wir haben alle die gleiche Zeit. Die Frage ist, was du damit machst." Wenn du also gerade keine Zeit für mich hast, finde ich das vollkommen in Ordnung, weil du deine Prioritäten anders gesetzt hast. Das war ein wichtiges Learning für mich, dass die zeitliche Komponente nicht unbedingt mit der von anderen übereinstimmen muss.

Deine Bestandsaufnahme-Matrix könnte so aussehen wie auf der Folgeseite! Der Zeitstrahl verdeutlich nochmals die Wichtigkeit, möglichst weitere Menschen ins Boot zu holen, um dein Ziel zu erreichen!

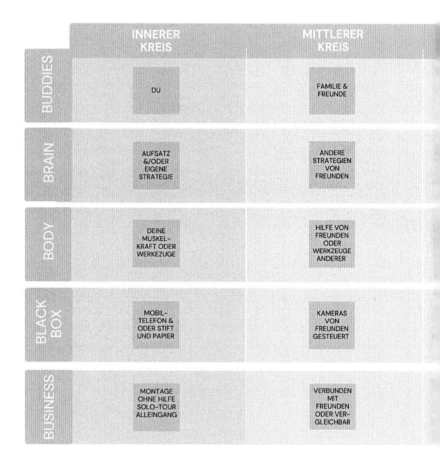

Abb. 3: Matrix – Bestandsaufnahme der 5 Bs

ÄUßERER KREIS	BEMERKUNG	AUSWAHL
UNTERNEHMER		
UNBEKANNTE STRATEGIE		
MASCHINENPARKS ODER VERGLEICHBAR		
PRODUZENT TV & FILM STUDIOS, PODCAST ETC		
AUFTRAGNEHMER ODER DIENSTLEISTER		

Wer die Zeit beherrschen möchte, muss diese in die Hand nehmen

Als ich begann, mich mit Zeitmanagement auseinanderzusetzen, wurde mir schnell klar, dass ich ein Werkzeug brauchte, um meine Zeit besser im Blick zu behalten. Eine gewöhnliche Uhr reichte mir dabei nicht aus. Ich wollte etwas, das mir minutengenau anzeigt, wie viel Zeit ich noch für eine bestimmte Aufgabe habe. So stieß ich auf den TimeTimer.

Abb. 4: Die wahrscheinlich wertvollste Uhr der Welt – der TimeTimer schenkt dir Zeit!

Mit dem TimeTimer konnte ich mir feste Zeitlimits setzen und meine Aufgaben entsprechend planen. Dadurch wurde ich viel produktiver und konnte meine Zeit viel besser nutzen. Der TimeTimer war somit ein wichtiger Schritt auf meinem Weg zu einem besseren Zeitmanagement.

Nachdem du nun deine Ressourcen und zeitlichen Möglichkeiten aufgenommen hast, ist es an der Zeit, sich dem eigentlichen Kern deiner Strategie zu widmen – dem „Wofür". Dein „Wofür" ist dein zentraler Antrieb, deine Vision und Mission, dein großes Ziel, das dich motiviert und dich durch Herausforderungen und Schwierigkeiten führt. Es ist der Grund, warum du morgens aufstehst und dich an die Arbeit machst. Ohne ein starkes „Wofür" kann es schwierig sein, konsequent an deinen Zielen zu arbeiten und dich auf den Weg zu machen, um sie zu erreichen. Deshalb ist es entscheidend, dass du dir Zeit nimmst, um über dein „Wofür" nachzudenken und es klar zu definieren. Nur so kannst du sicherstellen, dass deine Ressourcen in die richtige Richtung gelenkt werden, um deine Ziele zu erreichen.

Warum ein starkes erstes grobes „BOLD WHY"
der Schlüssel zum Erfolg ist

Wenn wir uns mit der Gegenwart beschäftigen und nach den Gründen oder Zwecken für bestimmte Entscheidungen oder Ereignisse suchen, können wir uns bewusst dafür entscheiden, das Wort „wofür" zu verwenden, anstatt „warum". Der Grund dafür ist, dass das Wort „wofür" eine stärkere Betonung auf die Absichten und Ziele hinter den aktuellen Umständen legt, während „warum" eher die Gründe für vergangene Ereignisse fokussiert.

Indem wir uns auf das „Wofür" konzentrieren, können wir besser verstehen, welche Ziele und Motivationen hinter aktuellen Entscheidungen und Ereignissen stehen. Wenn wir uns beispielsweise fragen, „wofür" eine bestimmte politische Partei kämpft, können wir tiefer in ihre politischen Ziele und Überzeugungen eintauchen. Wenn wir uns fragen, „wofür" eine bestimmte Organisation Geld ausgibt, können wir besser verstehen, welche Zwecke sie verfolgt und welche Werte sie unterstützt.

Das Wort „wofür" kann also eine nützliche Wahl sein, um eine bestimmte Perspektive auf die Gegenwart und zukünftige Entwicklungen zu betonen. Es kann uns helfen, die Ziele und Motivationen hinter den aktuellen Ereignissen besser zu verstehen und eine tiefere Einsicht in die Gegenwart zu gewinnen.

Alles beginnt mit deinem „Wofür" – deinem „BOLD WHY". Das ist das tiefe Verständnis, warum du das tust, was du tust. Dein „Wofür" gibt dir eine klare Vision, eine Mission und einen Zweck, der über das Tagesgeschäft hinausgeht. Wenn du dein „Wofür" kennst und verstehst, hast du eine klare Richtung und Motivation, um jeden Tag aufzustehen und deine Ziele zu verfolgen. Es ist der Treibstoff, der dich antreibt und dir die nötige Energie gibt, um Hindernisse zu überwinden und durchzuhalten. Dein „Wofür" ist auch der Grund, warum andere Menschen sich mit dir und deiner Mission identifizieren und dir folgen wollen. Wenn du dein „Wofür" teilst und andere begeistern kannst, schaffst du es, eine Bewegung zu starten und Veränderungen zu bewirken.

Finde dein „Wofür", lass es dein Handeln leiten!

„Wofür" – der sogenannte „Five Whys"-Ansatz

Dieser hilft dir dabei, deine tieferliegenden Motive und Ziele zu identifizieren, die dich wirklich antreiben und motivieren. Oftmals sind wir uns gar nicht bewusst, was uns wirklich antreibt, und halten uns an oberflächlichen Zielen fest. Aber wenn wir uns fragen, warum uns dieses Ziel wichtig ist und dann immer tiefer bohren, können wir zu unseren wahren Motiven vordringen. Dieser erste Schritt ist entscheidend, um ein BOLD GOAL zu definieren, das wirklich aus unseren tiefsten Überzeugungen und Werten heraus entsteht und uns langfristig motiviert und erfüllt.

Wofür möchte ich, dass du dir fünfmal die Frage nach dem „Wofür" stellst?

Diese Methode, bei der man sich fünfmal die Frage nach dem „Wofür" stellt, ist eine effektive Methode, um die Ursachen und Motivationen hinter einer Entscheidung oder Handlung zu identifizieren. Sie kann besonders nützlich sein, um zu verstehen, „wofür" man bestimmte Ziele oder Werte hat und wie man diese Ziele erreichen kann.

Indem man sich immer wieder fragt, „wofür" man eine Entscheidung trifft oder eine Handlung ausführt, kann man tiefer in seine Gedanken und Motivationen eindringen und sich bewusster über seine Entscheidungen werden. Diese Methode kann auch helfen, Klarheit zu schaffen und die Prioritäten zu setzen, indem man sich fragt, was wirklich wichtig ist und „wofür".

Die Methode des „Fünfmaligen WOFÜR" wird oft in der Lean-Philosophie verwendet, um die Gründe für Probleme oder Fehler zu identifizieren und diese dann zu lösen. Die Methode kann jedoch in verschiedenen Bereichen und Kontexten angewendet werden, von persönlichen Entscheidungen bis hin zur Verbesserung von Geschäftsprozessen.

Das könnte im Ergebnis etwa so aussehen:

1. „Wofür" möchtest du, dass ich dir fünfmal die Frage nach dem „Wofür" stelle? Antwort: Ich möchte sehen, ob ich meine Gründe für etwas gründlicher durchdenken kann, indem ich sie fünfmal hinterfrage.

2. „Wofür" möchtest du deine Gründe gründlicher durchdenken? Antwort: Indem ich meine Gründe gründlicher hinterfrage, kann ich sicherstellen, dass ich wirklich hinter meinen Entscheidungen stehe und nicht einfach etwas tue, weil es von anderen erwartet wird oder aus Gewohnheit.

3. „Wofür" ist es wichtig, dass du wirklich hinter deinen Entscheidungen stehst? Antwort: Wenn ich nicht wirklich hinter meinen Entscheidungen stehe, kann es sein, dass ich nicht die besten Entscheidungen treffe oder nicht das erreiche, was ich wirklich will.

4. „Wofür" ist es wichtig, das zu erreichen, was du wirklich willst? Antwort: Wenn ich das erreiche, was ich wirklich will, kann ich ein erfülltes und glückliches Leben führen und meine persönlichen Ziele und Wünsche verwirklichen.

5. „Wofür" ist es wichtig, ein erfülltes und glückliches Leben zu führen und deine persönlichen Ziele und Wünsche zu verwirklichen? Antwort: Ein erfülltes und glückliches Leben zu führen und meine persönlichen Ziele und Wünsche zu verwirklichen, hilft mir, ein Leben zu führen, das mir bedeutungsvoll und lohnend erscheint. Es hilft mir auch, mich als Person zu entwickeln und zu wachsen und dazu beizutragen, dass ich mein volles Potenzial entfalten kann.

Wie du dein „Wofür" in ein BOLD GOAL umwandelst

Genau diese erste Version deines „Wofür" ist wie ein schwacher Nebel, der es dir erlaubt, ein erstes, grobes Ziel zu definieren – dein sogenanntes „Bold Goal". Es sollte groß genug sein, um dich aus deiner Komfortzone herauszufordern, aber auch realistisch genug, um erreichbar zu sein.

Nimm dir Zeit, um darüber nachzudenken, was dein Bold Goal sein könnte. Stelle dir vor, wie es sich anfühlen wird, wenn du es erreicht hast. Visualisiere es so klar wie möglich und schreibe es dann auf. Dein Bold Goal sollte dich wirklich begeistern und dir ein Gefühl der Vorfreude geben, wenn du daran denkst.

Sobald du dein Bold Goal definiert hast, kannst du mit der Planung und Umsetzung deiner Strategie beginnen. Deine Strategie sollte auf dein Bold Goal ausgerichtet sein und dir dabei helfen, es zu erreichen. Indem du deine Ressourcen und Zeit effektiv nutzt, kannst du Schritt für Schritt auf dein Ziel hinarbeiten und dich immer weiter verbessern.

Behalte dein Bold Goal im Hinterkopf und lass es dich motivieren, auch wenn du mal Rückschläge hast oder es schwierig wird. Dein

Bold Goal gibt dir einen klaren Zweck und eine Richtung, auf die du hinarbeiten kannst.

Wenn du dich auf ein Ziel fokussieren willst, ist es wichtig, dass du dir klar machst, wofür du dieses Ziel eigentlich erreichen möchtest. Das war auch für mich der erste Schritt bei der Entwicklung meiner 5B-Strategie. Ich habe mich gefragt, ob mein Ziel überhaupt erreichbar ist und was ich tun kann, um es zu erreichen. Nachdem ich meine Zeit und meine Ressourcen überprüft hatte, stand die Frage im Raum: Wofür möchte ich das eigentlich alles tun? Mit dieser Frage habe ich mich dann dem Goldenen Kreis der Kommunikation angenähert und herausgefunden, dass es für die erfolgreiche Zielerreichung entscheidend ist, das „Wofür" zu kennen.

Wenn du ein Ziel erreicht hast, fühlst du dich manchmal leer oder traurig, weil es nicht das war, was du eigentlich wolltest. Das habe ich herausgefunden, als ich mich mit dem Thema Zielerreichung beschäftigte. Viele Berühmtheiten, darunter Reinhold Messner, Michael Schumacher und Boris Becker, haben große Ziele erreicht, aber danach festgestellt, dass das Ziel selbst nicht die Erfüllung war, sondern nur den Ausgangspunkt für die nächste Entscheidung markiert. In der Literatur gibt es viele spannende Geschichten zum Thema Zielerreichung, aber ich habe festgestellt, dass es gar nicht so wichtig ist, das Ziel detailliert zu beschreiben. Vielmehr sind Ziele hervorragend dafür geeignet, um bei der Erreichung die nächste Entscheidung zu treffen.

Lass uns noch einmal auf das Thema der Zielsetzung zurückkommen. Wenn ich damit beginne, meine Ziele grob aufzuschreiben, erinnere ich mich immer an eine Anekdote der Harvard Business School. Dort wurden Master-Absolventen gefragt, was sie nach ihrem Abschluss tun würden und ob sie ihre Ziele bereits aufgeschrieben hätten. Die meisten antworteten, dass sie jetzt erst einmal Zeit am Strand verbringen und die Zeit nach dem Studium genießen wollen. Nur etwa

13% hatten bereits über ihre nächsten Ziele nachgedacht und nur 1% hatte diese Ziele auch aufgeschrieben. Was ich dabei besonders spannend fand, ist, was zehn Jahre später bei einer erneuten Umfrage passierte: Die 86% hatten alle ein gutes Gehalt, aber nicht viel mehr erreicht. Die 13% hingegen verdienten im Durchschnitt das Doppelte und das eine Prozent, das seine Ziele aufgeschrieben hatte – egal wie grob –, hatte einzeln so viel erreicht wie alle anderen zusammen und noch mehr.

Also ab sofort: Ziele setzen, Ziele erreichen – Schreib es auf und lass es lebendig werden!

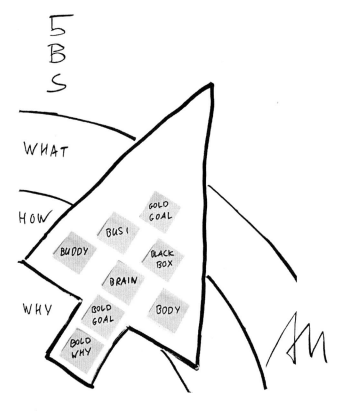

Abb. 5: Die Strategie nimmt Form an!

Business Events:
Lessons Learned „Unternehmenswerte frisch geröstet"

Als ich das Event „Unternehmenswerte frisch geröstet" entwickelte, habe ich mich gefragt, was wirklich wichtig ist, wenn es darum geht, Werte in eine neue Kaffeesorte zu übersetzen. Bei meiner Recherche stieß ich auf die zehn Punkte von der Vision bis zum Proof of Concept aus meinem Studium und hinterfragte den USP. „USP" steht für „Unique Selling Proposition" oder „Unique Selling Point". Es bezeichnet ein einzigartiges Verkaufsargument oder einen einzigartigen Vorteil, den ein Produkt oder eine Dienstleistung gegenüber seinen Wettbewerbern hat. Das USP soll potenzielle Kunden davon überzeugen, dass dieses spezielle Produkt oder diese Dienstleistung die beste Wahl ist und sich von anderen Angeboten auf dem Markt abhebt. Es ist ein zentrales Konzept im Marketing und in der Werbung. Ich kam zu dem Schluss, dass es nicht nur um den USP geht, sondern auch um den Personal USP und was das tatsächlich bedeutet. Dann erinnerte ich mich an Simon Sineks Buch „Start with Why", in dem er betont, dass das „Wofür" entscheidend ist, um Menschen und Unternehmen erfolgreich zu machen.

Es ist häufig der Fall, dass Unternehmen oder auch Menschen genau wissen, was sie tun, und manchmal auch, wie sie es tun, aber das „Wofür" fehlt ihnen oft. Das Modell des Goldenen Kreises der Kommunikation kann hier als Sprachrohr dienen. Wenn man Menschen erreichen und Dienstleistungen sowie Produkte erfolgreich auf dem Markt etablieren möchte, ist es entscheidend zu wissen, wofür man das Ganze tut. Dies wird auch in der Erfolgsgeschichte von Apple und dem iPod deutlich, deren Motto „Tausend Songs in deiner Tasche" genau das „Wofür" betont.

Beim Event „Unternehmenswerte frisch geröstet" wollte ich gleich drei Dinge miteinander vereinen: zum einen Wissen im Bereich Business vermitteln, zum anderen eine Sache anbieten, die den Menschen Freude und Spaß bereitet. Nicht zuletzt war es mir wichtig, im Ergebnis des Events irgendetwas lebendig werden zu lassen – in diesem Fall eine neue Kaffeesorte, die den Geschmack der jeweiligen Unternehmenswerte verkörpert.

Mit meiner Strategie gelang es mir, das Event innerhalb von fünf Tagen zum Proof of Concept zu führen und am sechsten Tag erfolgreich an die Zielgruppe zu verkaufen. Im späteren Verlauf meines Buches werde ich noch einmal auf das Beispiel von „Unternehmenswerten

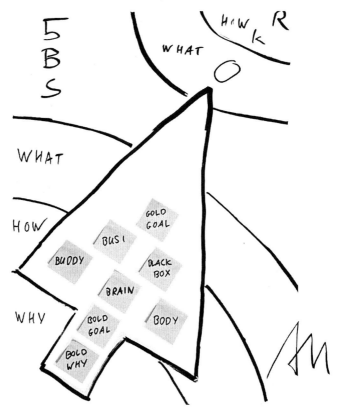

Abb. 6: Die 5B-Strategie – von Simon Sinek zu John Doerr

frisch geröstet" eingehen. Die Abbildung 5 zeigt den Ausgangspunkt und den Kreis der goldenen Kommunikation in meiner Betrachtungsweise.

Ich fand die Metapher zur Kaffeebohne oder zur goldenen Bohne sehr passend, denn manchmal geht es genau darum, das Goldlöckchen zu finden, das einem mit seinem Wachstum zum nötigen Erfolg führt.

Mit einem Mal erkannte ich Parallelen zwischen dem Goldenen Kreis von Simon Sinek, der immer mit dem Warum startet und über das Wie zum Was führt, und der OKR-Strategie von John Doerr, die wiederum zum Großmachen von Ideen vom Was über das Wie zum nächsten Warum führt! Jetzt ging es nur noch darum, diese beiden Kreise miteinander zu verbinden. In Methoden wie Scrum und Sprint fand ich die nötigen Antworten, um dies erfolgreich in die Tat umzusetzen. Auf einmal wurde mir klar, dass ich aus diesem Mikrokosmos ein ganzes Universum zaubern kann, in dem unendlich viele Ideen ihren Platz finden können. Damit habe ich erstmalig eine in sich abgeschlossene Strategie, die mich dabei unterstützen kann, sämtliche Ideen und Ziele mit Erfolgsanspruch lebendig werden zu lassen – mit den richtigen Buddies, dem Body, dem Brain, der BlackBox und der Umsetzung im Business. Der Grundstein zur 5B-Strategie war gelegt.

Die 5B-Strategie im Überblick

Ein grobes Ziel für den ersten Tag genügt

Wenn du dir also klarmachen möchtest, welche Ziele du erreichen möchtest, empfehle ich dir, diese aufzuschreiben – selbst, wenn sie noch nicht vollständig ausgearbeitet sind. Passend zu deinem Ziel kannst du dann sogenannte Ziel-Fragen formulieren, die bei der Zielerreichung helfen sollen. Schreib dein Ziel auf ein großes Blatt und überlege dir, welche potenziellen Risiken es bei der Zielerreichung geben könnte. Hierfür kannst du die WKW-Methode von Procter und Gamble nutzen, die Risiken zu Chancen formuliert. Die „Wie können wir (WKW)"-Methode ist ein kreativer Ansatz zur Problemlösung, bei dem Herausforderungen in Chancen umgewandelt werden. Anstatt ein Problem als Hindernis zu betrachten, wird es mit der Frage „Wie können wir ...?" neu formuliert, wodurch der Raum für innovative Lösungen geöffnet wird. Dieser Ansatz fördert einen proaktiven Problemlösungsprozess, bei dem Risiken als Möglichkeiten gesehen werden. Unternehmen nutzen die WKW-Methode, um aktive Lösungen zu entwickeln und sich an verändernde Bedingungen anzupassen. Nun hast du den Grundstein für deine Zielsetzung gelegt und kannst überlegen, welche Ressourcen du benötigst. Überlege dir, wer dich dabei unterstützen kann – sei es auf Kunden-, Partner- oder Unterstützer-Seite – und schreib diese auf dein Blatt Papier.

Und nun gehen wir hin und nutzen eine Strategie von Ingenieuren, indem wir die Möglichkeit nutzen, das Pferd mal von hinten aufzuzäumen! In der Fachsprache heißt dieser Begriff Reverse Engineering und wir machen ihn uns zu eigen. Wir schreiben grob mit unserem vorhandenen Wissen auf und beginnen dabei vom Ziel aus rückwärts auf die Zielgruppe gesehen. So können wir uns vorstellen, wie wir unser Ziel erreichen können. Dabei erkennen wir sehr häufig, dass diese Dokumentation einer Prozessbeschreibung ähnelt. Wir können sehr schnell erkennen, welcher dieser Punkte am wichtigsten ist, um unser Ziel zu erreichen. Außerdem können wir sehen, wer auf der Stakeholder-Seite ganz links hauptverantwortlich dafür ist, dass dieses Ziel erreicht werden kann. Wir nehmen uns zwei Klebepunkte, um diese Punkte auf unserer Zielcollage zu dokumentieren. All das, was du bis hierhin gelesen hast, passiert in unserer Strategie in der Regel am ersten Tag.

Kreativität durch Inspiration:
Ausschau halten nach bestehenden Lösungen am zweiten Tag

Am zweiten Tag wird es richtig spannend, denn hier halten wir tatsächlich Ausschau nach den Dingen, die es vielleicht schon gibt. Vielleicht hast du in der Vergangenheit schon mal ein ähnliches Projekt begleitet und schaust erst mal bei dir nach, ob dort vielleicht eines dieser teilfertigen Projekte liegt. Dann schaust du einmal in deiner eigenen Branche nach, ob du dort vergleichbare Produkte oder Dienstleistungen findest. Dabei gehst du dann sogar noch einen Schritt weiter und schaust in fremden Branchen nach, ob du hier Antworten auf deine Fragen findest. Für mich war dieser Punkt eine große Offenbarung, denn es geht nicht darum, die Welt neu zu erfinden. Auch die Ansätze, die du hier in diesem Buch findest, sind keine neuen Erfindungen. Sie wurden lediglich von mir so zusammengesetzt, dass sie nicht nur mir, sondern auch dir dabei helfen können, deine Ideen und Ziele mit Erfolgsanspruch lebendig werden zu lassen.

Wenn du auf der Suche nach Inspiration und neuen Ideen bist, solltest du nicht nur im Internet suchen, sondern auch deine Umgebung und die Welt um dich herum erkunden. Geh spazieren in der Natur, schlendere durch die Stadt, besuche Geschäfte und Veranstaltungen oder verbringe Zeit im Kino, Theater, Musical oder Zoo. Überall gibt es wunderbare Ideen und Umsetzungen anderer Menschen, die dich inspirieren können. Mach dir Notizen und sammle Fotos und Filme von Dingen, die dir ins Auge fallen. Vielleicht kannst du aus diesen Eindrücken einen kleinen Bildband machen, dass dir als Ressource und Inspirationsquelle dienen kann, wenn du Ideen ausbauen möchtest.

Als wir damals unsere erste Immobilie kaufen wollten, haben wir uns gefragt, ob wir das Haus selber bauen oder eine Bestandsimmobilie übernehmen sollten. Aber beide Optionen hatten etwas gemeinsam: Wir hatten bereits früh damit begonnen, einen Bildband anzulegen und an verschiedenen Stellen Bilder und Notizen aus Fachzeitschriften und Büchern einzukleben, die uns dabei halfen, uns vorzustellen, wie unser neues Zuhause aussehen könnte.

Auf diese Weise fiel es uns dann irgendwann wirklich leicht, das richtige Haus zu finden, in dem wir Altes mit Neuem verbinden und eine Wohlfühlatmosphäre schaffen konnten, in der wir uns als Familie zuhause fühlen.

Ich bin mir sicher, dass auch ihr bereits viele tolle Ressourcen habt, die euch dabei helfen können, diesen Punkt wunderbar zu bearbeiten. Aber denkt auch daran, dass ihr durch die Nutzung von Möglichkeiten in eurem Bekanntenkreis und in fremden Branchen nach möglichen Ideen und Lösungen Ausschau halten könnt. Ihr werdet euch wundern, welche Entdeckungen ihr auf diesem Weg machen werdet.

Mit all diesen Informationen und meiner ersten Zielcollage vom ersten Tag gehe ich nun hin und male mein allererstes Zielbild tatsächlich mit Stift und Papier. Ich skizziere grob, wie meine fertige Version lebendig aussehen mag. Mit diesem Schritt beende ich den zweiten Tag und freue mich auf den dritten Tag.

Der dritte Tag ist wirklich wichtig, denn es geht darum, dein Produkt auf dem Papier als Blaupause zu entwickeln, um es vielleicht später auf den Markt zu bringen.

**Von Erkenntnissen zum Storyboard:
Wie ein Prototyp durch Visualisierung entsteht**

Am dritten Tag habe ich bereits einige Vorarbeiten geleistet, die meinen Ressourcenkoffer randvoll gepackt haben mit wunderbaren, unterschiedlichen Bestandteilen, die ich brauchen kann, um mein Produkt real werden zu lassen. Ich starte den Tag mit meinen ersten Bebilderungen vom Vortag und nun gehe ich hin und zeichne aus diesem ersten Grundbild acht Varianten in nur acht Minuten. Das klingt ein bisschen verrückt, und deshalb heißt diese Methode auch die „verrückten 8". Ich nehme mir einfach ein A4-Blatt, falte es genau drei Mal und wieder auseinander. So habe ich acht wunderbare Felder, die ich mit Varianten meiner ersten Zielcollage füllen kann.

An dieser Stelle möchte ich dir einen kurzen Exkurs geben. Diese Möglichkeit der Varianten ist nicht neu und wird seit Jahrhunderten von Künstlern und Architekten genutzt, um zu ihrem fertigen Ergebnis zu kommen. So haben viele Maler der alten Kunst

Abb. 7

diese Technik genutzt, um große Wandgemälde zu malen. Einige dieser Beispiele kannst du noch heute in dem ein oder anderen Museum bewundern. Zum Beispiel im Schloss Burg Drachenfels bei Bonn gibt es eine solche Skizze an einer Stelle, die die Idee des großen Wandgemäldes bereits erkennen lässt. Auch Picasso beherrschte die Fähigkeit, Varianten zu malen oder kleine Bilder aus großen herauszuziehen. Bei Architekten ist es oft so, dass sie zunächst Probe-Gebäudeentwürfe zeichnen, bevor sie sich für einen finalen Entwurf entscheiden. Aus den Dingen, die ihnen an ihren Entwürfen am besten gefallen, wird am Ende oft ein großes Ganzes. Genau das ist es, was wir mit den „Verrückten 8" anstellen.

Nun musst du eine erste Entscheidung treffen, und nutze auch hier einen Stift oder Klebepunkte, um an deinen „Verrückten 8" die Dinge zu markieren, die dir besonders gut an deiner Idee gefallen haben. Es ist noch gar nicht wichtig, ob diese Ideen später auch in die Gesamtcollage einfließen werden. Wichtig ist nur, dass du alle bis hierhin dokumentierten Unterlagen bereithältst, um nun dein finales Bild zu Papier zu bringen. Dieses Bild kann auf einem A4-Blatt Platz finden und maximal vielleicht auch auf drei großen Post-its. Ein Beispiel kannst du in der Abbildung 21 (S. 120) sehen.

Bist du nun mit deiner Bebilderung fertig, hast du es für diesen Tag geschafft. Vielleicht sind auch zwei Bilder daraus geworden. Wenn du im Team arbeitest und diese Methode verwendest, geschieht das sehr, sehr häufig. Dann geht es sogar darum, dass man als Team eine Entscheidung über die besten Szenen der einzelnen Bilder findet und auch eine Entscheidung trifft, welches der bereits dokumentierten Bilder das Favoritenbild darstellt. Auch hier arbeitet man mit Klebepunkten, um jedem die Chancengleichheit einer anonymen Abstimmung geben zu können.

Manchmal ist es sogar so, dass zwei Ideen zur Zielerreichung vorliegen und man nun durch einen sogenannten „Rumble" entweder entscheidet, welches dieser Projekte umgesetzt wird, oder man mit deutlich mehr Aufwand sogar beide Ideen in die Umsetzung bringt. Mit diesem erhöhten Aufwand kann es aber durchaus sein, dass man etwas länger braucht als nur fünf Tage, um sein Ziel zu erreichen.

Gemeinsam zum Erfolg: Prototyping einer Dampfmaschine im Team am vierten Tag

Am vierten Tag der Strategie geht es um die Frage: Wie baue ich eigentlich eine Dampfmaschine? Ich habe bereits alles dokumentiert, was ich bisher herausgefunden habe, aber jetzt wird es richtig spannend! Am besten ist es, wenn du nicht alleine unterwegs bist und ein ganzes Team von 5–7 Leuten hast. Gemeinsam können wir einen Prototyp bauen und die bisherigen Ergebnisse zum Einsatz bringen.

Das Tolle an einem Team ist, dass jeder seine eigenen Fähigkeiten und Stärken einbringen kann. Wir verteilen die Rollen und arbeiten gemeinsam am Prototyping. So können wir Schritt für Schritt zu großen Ergebnissen kommen. Ich bin immer wieder erstaunt, wie viel wir gemeinsam erreichen können – von der Schaffung kompletter Praxen und Produktionsanlagen bis hin zum Erschaffen eines lächelnden Roboters oder der Organisation eines erfolgreichen Events namens „Unternehmenswerte frisch geröstet", oder einer Masterclass, um Experte seiner eigenen Vision zu werden, und in eine lebendige Umsetzung zu kommen.

Und das Beste ist: Wir haben jetzt sogar ein Online-Streaming-Event namens „#CatchUpCall" auf die Beine gestellt! Es ist wirklich erstaunlich, was man alles erreichen kann, wenn man gemeinsam an einem

Ziel arbeitet. Ich bin begeistert von den Fortschritten und freue mich auf das, was wir als Team noch alles erreichen werden.

Wenn du dich fragst, wie das nun ganz genau funktioniert, dann können wir zunächst die Zusammenfassung der Projekte nehmen und die Aufgaben auf unterschiedliche Leute verteilen. Es gibt zum Beispiel den Interviewer, der später die Tester am letzten Tag unserer Projektentwicklung einsetzt, um unsere Zielgruppe zu befragen. Dann haben wir noch den Schreiber, der mit Kamera und Ton, Stift und Papier die ganze Arbeit dokumentiert und dafür sorgt, dass wirklich alle Inhalte, die vielleicht sogar verschriftlicht werden müssen, aufgeschrieben werden. Ein weiteres Team sind die Requisiteure, die dafür verantwortlich sind, alles an Material heranzuschaffen, was nötig ist, um die perfekte Westernstadt und die damit verbundene Kulisse aufzubauen. Und schließlich haben wir die Macher, die all das, was oben genannt wurde, Stück für Stück vorbereiten, so dass der Zusammenbauer ein einfaches Spiel hat, mit den Machern gemeinsam die Westernstadt entstehen zu lassen. Das erinnert manchmal ein bisschen an „Zurück in die Zukunft", wenn der verrückte Doktor Brown versucht, mit einem maßstabgetreuen Modell der Stadt Hill Valley und einer selbstgebauten Modellauto-Zeitmaschine Marty McFly zu zeigen, wie ungefähr der Ritt in die Zukunft aussehen wird. Das Ganze könnte man auch mit einem Geländesandkasten vergleichen, der gerne in öffentlichen Einrichtungen wie der Bundeswehr genutzt wird, um im Kleinen das große Ganze zu erklären.

Wenn du alleine an diesem Projekt arbeitest, hast du natürlich alle Aufgaben selbst zu erledigen, was einen erhöhten Mehraufwand bedeutet. Es könnte hilfreich sein, noch einmal einen Blick auf deine Liste zu werfen, um zu sehen, ob du an irgendeiner Stelle Unterstützung gebrauchen könntest. Vielleicht hast du das auch schon getan und stehst nun mit einem kleinen Team vor einer Vielzahl spannender Ressourcen, mit denen du deinen Prototyp zusammenstellen kannst.

An diesem Tag geht es darum, den Prototyp bis zur Fertigstellung aufzubauen, aber das allein reicht nicht aus. Bevor der Tag endet, ist es sehr wichtig, dass du einen Probelauf durchführst, um sicherzustellen, dass alles reibungslos funktioniert und die Tester am nächsten Tag im Beobachtungsinterview wirklich loslegen können. Falls nötig, musst du dein Produkt anpassen, damit es bereit ist, echte Kunden zu überzeugen, denn das ist das Ziel am vierten Tag.

Bevor der fünfte Tag beginnt, solltest du genau planen, ob alle Tester, die du eingeladen hast, auch am nächsten Tag anwesend sein werden und ob dein Set inklusive Auswertungslabor so weit aufgebaut ist, dass wir direkt mit dem letzten Tag starten können.

Start in den letzten Tag: So bereitest du dich optimal auf die Beobachtungsinterviews vor

Bist du bereit für den letzten Tag? Es wird ein anstrengender, aber auch aufregender Tag werden. Wir starten um 09:00 Uhr mit dem ersten Interview. Hast du deine Tester bereits eingeladen und dein Testlabor vorbereitet? Denk daran, dass du eine Auswertung in Echtzeit brauchst, um schnell auf Fehler reagieren zu können. Zur Unterstützung hast du eine Matrix vorbereitet, um gezielt Fragen zu stellen und wichtige Gedanken der Tester festzuhalten. Wusstest du übrigens, dass du nur fünf Tester benötigst, um 86% der Herausforderungen zu erkennen? Ein wichtiger Punkt ist auch, dass du als Interviewer neutral bleibst und offene Fragen stellst. Lass uns jetzt den ersten Tester mit unserem Produkt konfrontieren und schauen, wie er darauf reagiert.

Keine Sorge, wir haben beschlossen, dir eine kleine Notlüge zu erlauben, falls es notwendig ist. Wir möchten sicherstellen, dass der Tester bei der Entscheidungsfindung nicht emotional beeinflusst wird, insbesondere falls der Interviewer selbst an der Produktentwicklung beteiligt war. Wenn der Tester also den Interviewer fragen sollte, ob er an der Entwicklung beteiligt war, sagt der Interviewer ausnahmsweise, dass es nicht sein Produkt / seine Leistung ist. Also mach dir keine Sorgen und konzentriere dich darauf, die Tester zu beobachten und ihre Verhaltensweisen sorgfältig zu dokumentieren.

Du gehst jetzt in einen Nebenraum und beobachtest fleißig die Tester, während sie unser neues Produkt ausprobieren.

Sobald alle fünf Tester durch sind, werden wir die dokumentierten Ergebnisse besprechen und überprüfen, ob alle Zielfragen positiv oder vielleicht auch negativ beantwortet worden sind. Gleichzeitig können wir die Chance nutzen, um Verbesserungsvorschläge aufzuschreiben, die in das Proof of Concept einfließen sollen.

Jetzt sind wir an einem Punkt angekommen, an dem echte Entscheidungen getroffen werden müssen. Und du hast wirklich Großes vollbracht! In nur fünf Schritten und maximal fünf Tagen hast du eine neue Dienstleistung, ein neues Produkt oder eine neue Innovation lebendig gemacht – das ist großartig!

Egal, ob du dich dafür entscheidest, dass dein Produkt groß werden soll oder es in der Schublade oder im Papierkorb verschwindet – du hast bewiesen, dass es möglich ist, eine Idee bis zum Proof of Concept zu führen. Du hast eine Menge Zeit gespart, die du sonst vielleicht im Jahr damit verbracht hättest, herauszufinden, ob deine Idee wirklich gut ist. Außerdem hast du einen richtigen Teamspirit aufgebaut und es geschafft, dich nicht zu sehr emotional an dein Produkt zu heften, sodass du es auch guten Gewissens loslassen kannst, um vielleicht mit einer neuen Idee auf ähnliche Art und Weise ins Rennen zu gehen.

Ich möchte dir gratulieren – du hast an dieser Stelle, egal wie deine Entscheidung ausfällt, Gold erreicht! Und ich kann dir versprechen, dass du, wenn du diesen Strategieprozess einmal im Team durchlaufen hast, immer wieder erleben wirst, dass die Menschen fragen, wann wir das nächste Mal eine so tolle Sache wie diese machen.

In den nächsten Kapiteln werden wir uns auf die 5 Bs konzentrieren: Buddies, Brain, Body, Blackbox und Business. Wir werden uns genauer mit den fünf Schritten der Strategie befassen, die es dir ermöglichen wird, in maximal fünf Tagen eine neue Dienstleistung, ein neues Produkt oder eine Innovation bis zum Proof of Concept zu entwickeln. Wir werden jeden Schritt im Detail betrachten und schauen, wie du ihn in deinem eigenen Projekt anwenden kannst.

Außerdem werden wir einige Praxisbeispiele untersuchen, um zu veranschaulichen, wie diese Strategie in der realen Welt angewendet wird und welche Ergebnisse damit erzielt wurden. Ich hoffe, dass diese Beispiele dich inspirieren und motivieren werden, deine eigenen Ideen umzusetzen und dein Potenzial als innovativer Problemlöser auszuschöpfen.

Am Ende wirst du nicht nur eine Methode haben, um deine Ideen schnell und effektiv in ein Proof of Concept umzusetzen, sondern auch die Fähigkeit, die richtigen Fragen zu stellen, um sicherzustellen, dass deine Idee erfolgreich umgesetzt wird. Ich bin gespannt darauf, dir diese Strategie näherzubringen, und freue mich darauf, dich auf deiner Reise zum Erfolg zu begleiten!

Kannst du dich noch an die erste Serviette mit der Skizze in diesem Kapitel erinnern? In der nachfolgenden Abbildung siehst du einmal, wie dein Weg aussehen könnte, wenn du meine 5B-Strategie anwendest.

Die 5BS Strategie
Ideen und Ziele mit Erfolgsanspruch lebendig machen

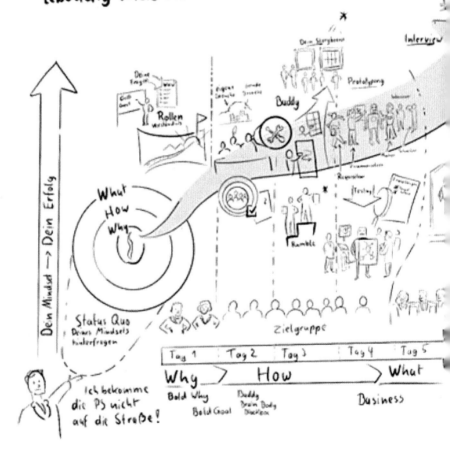

Abb. 8: Die Blaupause der fertigen 5B-Strategie nach einem Prozess-Visualisierungsworkshop

Die 5B-Strategie (Vorbereitung)

B für Buddies

Die Bedeutung der fünf Menschen, mit denen du am meisten Zeit verbringst.

Abb. 9: B für Buddies

Der Einfluss, den Menschen aufeinander ausüben, ist ein wichtiger Aspekt unseres Lebens. Wir sind soziale Wesen und die Menschen, mit denen wir uns umgarnen, haben einen direkten Einfluss auf uns und unser Leben. Daher ist es wichtig, bewusst zu entscheiden, mit wem wir Zeit verbringen.

Ein guter Weg, um Ziele im Beruf zu erreichen, ist es, einen Mentor oder eine Mentorin zu finden, der/die bereits dort ist, wo du hin-möchtest und dich unterstützt. Du kannst auch selbst zum Mentor werden und andere dabei unterstützen, ihre Ziele zu erreichen.

Es ist auch wesentlich zu beachten, dass wir uns unter dem Einfluss der Menschen verändern, mit denen wir die meiste Zeit verbringen. Daher ist es entscheidend, dass wir auch unser Verhalten und unsere

Art zu sein überdenken und anpassen, um eine positive Kraft für das Leben anderer zu sein.

Mit all dem im Hinterkopf bietet sich der Begriff „B-Buddies" als nächster Schritt an. Diese Beziehungen können uns dabei helfen, unser Leben in eine gewünschte Richtung zu beeinflussen und uns auf unserem Weg unterstützen. Doch bevor wir tiefer in die Möglichkeiten dieser Beziehungen einsteigen, ist es wichtig, die Grundlage zu verstehen, dass der Einfluss von Menschen aufeinander unser Leben stark beeinflusst.

Die Auswirkungen der fünf Menschen in deinem Leben auf deinen Erfolg

Hast du dich jemals gefragt, warum du in deinem Leben nicht richtig vorankommst? Warum du manchmal ein paar Schritte nach vorne machst, aber dann automatisch wieder in deiner alten Routine landest?

Es kann viele Gründe dafür geben, aber einer wirkt besonders stark auf dein Leben ein. Diesen Faktor wollen wir uns heute genauer ansehen.

Jim Rohn hat ein Zitat, das du vielleicht schon gehört hast: „Du bist der Durchschnitt der 5 Menschen, mit denen du die meiste Zeit verbringst." Diese Aussage klingt logisch, aber sie enthält viel mehr, als man auf den ersten Blick erkennt. Lass uns heute tiefer in dieses Thema eintauchen.

Wie die Verbindungen zu anderen Menschen unser Gewicht, Verhalten und Leistung beeinflussen

Wusstest du, dass es sogar Einfluss auf dein Gewicht hat, wenn ein Freund deines Freundes zunimmt?

Forscher haben schon seit einiger Zeit untersucht, wie die Beziehungen zu anderen Menschen in unserem Leben Auswirkungen auf uns haben. Und das betrifft nicht nur direkte Beziehungen, sondern auch indirekte, z.B. mit Menschen, die unsere Freunde kennen oder mit ihnen in Kontakt stehen, obwohl wir sie nicht kennen.

Dies hat Auswirkungen auf unser Körpergewicht, Verhalten wie z.B. Rauchen und Alkohol, Lernen und Kreativität. Kurz gesagt, es beeinflusst alle Bereiche unseres Lebens.

Interessiert? Dann lass uns genauer hinschauen. Gut, also sind wir der Durchschnitt der fünf Menschen, mit denen wir die meiste Zeit verbringen.

Wer sind die fünf Menschen, die den größten Einfluss auf dich haben? Mach dir Gedanken darüber, wer diese Menschen sind. Dein Partner/Deine Partnerin wird wahrscheinlich einer von ihnen sein. Auch erwachsene Kinder zählen dazu, sofern du welche hast. Überleg dir, mit wem du die meiste Zeit verbringst, ob das nun persönlich oder telefonisch ist. Überprüfe, ob Freunde, Eltern, Kollegen oder Geschäftspartner zu diesen fünf Menschen gehören. Nimm dir Zeit, um bewusst nachzudenken, wer wirklich die größte Rolle in deinem Leben spielt. Denn der Einfluss dieser Menschen auf dich und umgekehrt ist enorm.

„Mache dein Netzwerk sichtbar" – Um dein soziales Netzwerk zu visualisieren, solltest du dir erst einmal überlegen, wer die wichtigsten Menschen in deinem Leben sind. Notiere dich in der Mitte eines

Blattes Papier und ziehe einen Kreis um deinen Namen. Um dich herum solltest du einen größeren Kreis ziehen und in diesen Kreis die Namen der fünf Menschen schreiben, die du identifiziert hast.

Als Nächstes solltest du die allgemeine Stimmung, die von diesen Menschen ausgeht, erfassen. Überprüfe dafür, ob sie positiv oder negativ eingestellt sind. Es ist wichtig, dass man Menschen mit einer positiven Einstellung um sich hat, die einem bestätigen und inspirieren, anstatt von negativ denkenden Menschen belastet zu werden.

Wir haben ein Bedürfnis, uns von Menschen angezogen zu fühlen, die ähnlich denken wie wir, da sie uns in unserem Selbstbild bestätigen. Diese Menschen halten unser Selbstbild stabil, aber wenn wir immer wieder mit Menschen konfrontiert werden, die ein völlig anderes Bild von der Welt und Themen haben als wir, kann das unser Selbstbild ins Wanken bringen. Es ist wichtig, sich bewusst zu machen, dass es einfach nur eine andere Sichtweise ist und nichts mit uns als Person zu tun hat.

Lass uns über unsere Komfortzone hinausblicken und herausfinden, was noch möglich ist. Wir haben nur ein Leben, also lass uns es spannend und aufregend machen, indem wir uns neuen Erfahrungen und Perspektiven öffnen.

Wie wirkt sich diese Beziehung auf dich aus? Falls das dein Ziel ist, dann lies weiter. Wir möchten also die allgemeine Stimmung bewerten. Hier sind ein paar Fragen, die dir helfen können: Fühlst du dich nach einer Interaktion mit dieser Person reicher im Sinne von mehr Wissen, mehr Möglichkeiten und interessanterem Stoff zum Überlegen? Bist du durch die Beziehung gewachsen, hast du dich ermutigt oder getröstet gefühlt?

Ich habe absichtlich die Frage „Fühlst du dich bestätigt?" weggelassen, da wir oft zu sehr auf unser Selbstbild fixiert sind. Es geht nicht darum, dass wir in unserer Meinung bestätigt werden, sondern dass wir die Möglichkeit bekommen zu wachsen.

Wachstum ist oft mit Veränderungen verbunden, da ein bisheriger Zustand verlassen werden muss und sich ändert. Änderungen können unangenehme Gefühle auslösen, aber das bedeutet nicht, dass wir diese Veränderungen nicht durchmachen sollten. Im Gegenteil, auf der anderen Seite wartet eine neue Welt, die jenseits unserer Komfortzone liegt.

Wenn du dir nun jede dieser fünf Beziehungen unter diesen Gesichtspunkten ansiehst, bin ich mir sicher, dass du eine Bewertung vornehmen kannst. Wenn du die oben gestellten Fragen überwiegend positiv beantworten kannst, gib dieser Beziehung ein +. Wenn du sie überwiegend negativ beantworten musst, gib ein -, und wenn es unentschieden ist, gib ein n (neutral) an.

Wie beurteilst du dein Ergebnis? Beschäftige dich mit deiner Beurteilung und den Auswirkungen auf dein Leben. Was bedeutet es für dich? Welche Veränderungen werden möglich, welche werden verhindert? Dieser Prozess kann schmerzhaft sein. Manchmal begleiten uns Menschen ein Leben lang, aber wenn wir eine solche Überprüfung durchführen, wird uns bewusst, dass sie möglicherweise eine negative Kraft in unserem Leben sind. Es kann sein, dass die Mehrheit der fünf Menschen, mit denen du die meiste Zeit verbringst, eher ein negativen Einfluss auf dich haben. Sei absolut ehrlich bei dieser Bewertung, denn sich selbst etwas vorzumachen hindert dich daran, dich weiterzuentwickeln, und versäumt Möglichkeiten, die dir noch offen stehen. Notiere dir bei dieser Bewertung auch, wie lange diese Menschen bereits zu deinen fünf engsten Bezugspersonen gehören. Dies sind diejenigen, die den längsten Einfluss auf dein Leben ausüben. Vielleicht bringt das auch noch einige Überraschungen zutage.

Wie steht es mit deinem Umfeld in der zweiten Reihe? Oft kennst du auch Personen, die Freunde deiner engeren Bezugspersonen sind, aber weniger Kontakt zu dir haben. Diese Menschen können ebenfalls Einfluss auf dich ausüben, laut wissenschaftlicher Forschung. Es kann sinnvoll sein, dir darüber Gedanken zu machen. Überprüfe deine Einschätzungen, indem du für jede deiner engeren Bezugspersonen fünf weitere Verbindungen herstellst und notierst, wer in deren Leben am meisten Einfluss hat. Auch wenn du dies nicht direkt beobachten kannst, hast du oft einen Eindruck von Menschen, selbst wenn du nicht viel Kontakt zu ihnen hast. Überprüfe dann auch das Netzwerk deiner engeren Bezugspersonen und notiere mit +, - oder n, wie du deren Einfluss einschätzt.

Betrachte das Gesamtbild – es ist wichtig, nicht nur die fünf Menschen, mit denen du die meiste Zeit verbringst, zu betrachten, sondern auch die Auswirkungen auf deine direkten Kontakte. So kannst du die Strömungen erkennen, die tatsächlich auf dich einwirken. Du hast jetzt eine Karte, die dir zeigt, welchen Einflüssen du ausgesetzt bist und wie diese dein Leben beeinflussen. Diese Übung kann für manche wie ein kalter Bilanzcheck klingen, aber das ist nicht beabsichtigt. Die meisten Menschen beabsichtigen nicht, einen schlechten Einfluss auf andere auszuüben. Doch es ist wichtig, was du wahrnimmst und was geschieht, damit du eingreifen kannst.

Änderungen beginnen bei dir, wenn du erkannt hast, dass einige deiner direkten Kontakte einen tendenziell negativen Einfluss auf dich haben, dann solltest du über eine Veränderung nachdenken. Überlege, ob du das so möchtest, und falls nicht, was du tun kannst, um die Beziehung zu verbessern. Bedenke auch, welchen Beitrag du selbst zu dieser negativen Verbindung leistest. Es ist ein Zusammenspiel beider Parteien.

Vielleicht möchtest du in bestimmten Bereichen Fortschritte erzielen, aber deine Umgebung hält dich zurück. Zum Beispiel, wenn du aufhören möchtest zu rauchen, aber die meisten deiner Freunde rauchen, wird es schwieriger sein, diesen Entschluss umzusetzen. Einfacher ist es, wenn man bereits von Nichtrauchern umgeben ist.

Indem du deine direkte Umgebung änderst, kannst du auch dein Leben verändern. Wenn du einem Verein beitrittst, trittst du in eine Welt mit Menschen ein, die andere Interessen und Perspektiven haben, die anders denken und möglicherweise bereits dort sind, wo du hinwillst.

Verändere deine Einflusskreise, und werde ein Schöpfer deines eigenen Einflusses. Überlege bewusst, wem du weniger Zeit schenken möchtest, um ihren Einfluss zu reduzieren. Du hast das Recht, Zugeständnisse zu vermeiden, die dir nicht guttun, selbst wenn es sich dabei um Familienmitglieder handelt. Deine erste Verpflichtung gilt dir selbst, denn wenn es dir gut geht, kannst du auch für andere da sein. Baue stattdessen Beziehungen zu Menschen auf, mit denen du gerne mehr Kontakt hast. Solche Veränderungen können langsam voranschreiten, aber du wirst eine positive Auswirkung spüren. Eine Änderung deiner Peergroup hat immer eine Auswirkung auf dich und dein Leben, genauso wie es sich ohne dein Zutun in eine negative Richtung verändern kann.

Gestalte deine sozialen Beziehungen bewusst, denn unser Leben wird durch die Art unserer sozialen Beziehungen beeinflusst. Um bestimmte Ziele im Beruf zu erreichen, ist es sinnvoll, nach einem Mentor oder einer Mentorin zu suchen. Diese Person sollte bereits dort sein, wo du hinmöchtest, und dich unterstützen, deine Ziele zu erreichen. Diese Beziehung muss nicht für immer sein, sondern kann dich nur für eine bestimmte Zeit begleiten. Du kannst auch selbst

Mentoring für jemanden übernehmen und einen positiven Einfluss auf dessen Leben ausüben.

Berücksichtige die Menschen, mit denen du Zeit verbringst. Wir verändern uns unter dem Einfluss der Menschen, mit denen wir die meiste Zeit verbringen. Daher ist es wichtig, sich bewusst zu machen, wie unsere Grundstimmung und unser Einfluss auf andere wirken, wenn wir mit anderen Menschen Zeit verbringen. Überprüfe, ob du mit dem, was du wahrnimmst, zufrieden bist. Wenn nicht, ändere dein Verhalten und deine Art zu sein, denn du beeinflusst damit auch das Leben von anderen. Als positive Kraft in andere Leben einzuwirken, kann bis in die dritte Reihe hinein Menschen positiv beeinflussen, ohne dass ihr euch kennt.

B wie Brain

In meiner 5B-Strategie steht das B für ‚Brain', den roten Faden, der dich auf deinem Weg von der Idee bis zum Ziel begleiten wird.

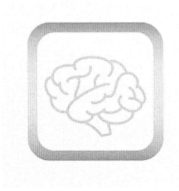

Abb. 10: B für Brain

Doch bevor ich näher darauf eingehe, erinnere dich noch einmal an die Geschichte im vorherigen Kapitel mit den Harvard-Absolventen. Diese Geschichte zeigt, wie wichtig es ist, klare Ziele zu haben und diese auch schriftlich festzuhalten. Mit einem klaren Ziel vor Augen kann man gezielt darauf hinarbeiten und die Chancen auf Erfolg und finanzielle Freiheit erhöhen.

Das ist eine sehr wichtige Lehre, die ich daraus ziehe. Es zeigt, dass es nicht ausreicht, nur abstrakte Ideen zu haben oder sich Gedanken über die Zukunft zu machen, sondern dass es notwendig ist, klare und konkrete Ziele zu formulieren und diese schriftlich festzuhalten. Auf diese Weise können wir uns auf den Weg machen und unsere Ziele Schritt für Schritt erreichen. Wenn wir uns dabei an unseren schriftlich festgehaltenen Zielen orientieren, haben wir einen klaren roten Faden, der uns durch den Prozess führt. Die Erfolge, die wir dabei erzielen, können weit über das hinausgehen, was wir uns ursprünglich vorgenommen haben. Denn durch die Konzentration auf unsere Ziele können wir unsere Fähigkeiten und Talente besser entfalten und letztendlich auch größere Erfolge erzielen, als wir es uns zuvor hätten vorstellen können.

Als ich in meine erste Wohnung gezogen bin, habe ich schnell gemerkt, dass das Geld, das ich am Ende des Monats verdiente, einfach nicht ausreichte, um über die Runden zu kommen. Ich musste mir zusätzliche Arbeit suchen und auch am Wochenende arbeiten, um meine kleine Wohnung zu erhalten. Ich erinnere mich noch, wie ich damals für zehn Mark mein Auto volltankte und hoffte, damit möglichst weit zu kommen. Aber irgendwann kam der Punkt, an dem das Geld einfach nicht mehr reichte – ich konnte nicht einmal mehr bis Mitte des Monats über die Runden kommen. In diesem Moment war ich verzweifelt und machte mir ernsthafte Gedanken darüber, wie meine Zukunft aussehen würde, denn so konnte es auf keinen Fall weitergehen. Doch diese Herausforderung hat mich auch dazu gebracht, meine Ziele und Pläne genauer zu definieren und diese schriftlich festzuhalten. Und das hat sich als Schlüssel zum Erfolg erwiesen – ich habe gelernt, dass klare Gedanken und schriftlich festgehaltene Ziele helfen, den eigenen Weg zu finden und auch in schwierigen Zeiten weiterzugehen. Die Erfahrung aus meiner Vergangenheit und die Lehren, die ich daraus gezogen habe, haben mir geholfen, meine 5B-Strategie zu entwickeln, die mir als roter Faden auf meinem Weg dient.

Als ich damals meine erste Bucket-List geschrieben habe, war ich total begeistert von der Idee, meine Ziele aufzuschreiben und konkret zu definieren. Ich habe 20 Punkte aufgelistet, die für mich wirklich wichtig waren und die ich erreichen wollte. Jahre später war ich erstaunt, dass ich nicht nur diese 20 Punkte erreicht hatte, sondern auch deutlich mehr als das, was ich mir damals erträumt hatte.

Doch ich habe mich gefragt, ob es vielleicht eine bessere Möglichkeit gibt, seine Ziele zu visualisieren. So bin ich auf Themen wie Mindmapping oder Visualisierungstechniken wie Design Thinking oder Vision Boards gestoßen.

Doch zurück zur 5B-Strategie und dem Punkt B für Brain. Hier hilft mir wieder der Goldene Kreis und ich greife auf erlernte Techniken zurück, wie beispielsweise das A bis Z aus meiner Schulzeit oder die Struktur eines Aufsatzes mit Einleitung, Hauptteil und Schluss. Das ist eine einfache Strategie, um Ziele zu dokumentieren.

Im Laufe der Jahre habe ich jedoch neue Möglichkeiten kennengelernt, um meine Ziele zu visualisieren, zu dokumentieren und zu ergänzen. So habe ich meine eigene Strategie entwickelt, die 5B-Strategie, mit der ich nicht nur meine Ziele wunderbar dokumentieren und visualisieren kann, sondern auch aktiv dabei unterstützt werde, sie zu erreichen.

Ich habe gelernt, mir eine Methode anzueignen, die dafür geeignet ist, und kann diese anderen Menschen so einfach vermitteln, dass sie nicht nur damit zurechtkommen, sondern auch Lust haben, sie regelmäßig einzusetzen. Mit der 5B-Strategie kann ich meine Ziele besser fokussieren, Prioritäten setzen und erfolgreich umsetzen.

Kommen wir zum mittleren Kreis der bekannten Strategie. Hier begann ich, meine Freunde und Bekannte genauer zu betrachten und zu schauen, welche Methoden und Techniken sie nutzen, um ihre Ideen und Ziele zu erreichen. Dabei lernte ich schnell von den Besten und entdeckte neue großartige Möglichkeiten. Einige meiner Freunde besaßen handwerkliches Geschick und bevor sie begannen, eine schöne Schmiedekunst herzustellen, zeichneten sie diese mit Kohle auf ein großes Stück alter Pappe – im Grunde genommen auch nichts anderes als eine Art Vision und Dokumentation.

In meiner Studiengruppe lernte ich andere Methoden kennen, wie zum Beispiel das Design Thinking, von dem ich bis zu meinem Studium überhaupt nichts gehört hatte. Hier erkannte ich auch, dass man Lego nutzen konnte, um seine Ideen zu visualisieren. Und an dieser Stelle erinnerte ich mich ein wenig an den Film „Zurück in die Zukunft", in dem der besagte Doktor Brown mit Miniatur-Modellen und einfachen Requisiten Visualisierungen aufbaute.

Aber auch im Rahmen von Renovierungen und Hausbauten erkannte ich, dass Baupläne im Grunde genommen nichts anderes sind als genau das: eine Art Dokumentation von Ideen und Zielen. Der große Vorteil von Bauplänen und schriftlich festgehaltenen Zielen ist einfach die Tatsache, dass man seine Ideen viel besser mit anderen Menschen teilen kann. Das wurde mir nochmals deutlich, als ich begann, meine Strategie-Ideen mit meiner Familie und meinen Bekannten zu teilen. Es war viel einfacher zu verstehen, als ich begann, die Dinge aufzuzeichnen und aufzumalen.

Ich versuchte nicht nur, die Dinge aufzuzeichnen, sondern auch so einfach wie möglich zu gestalten. Ich mag die Bierdeckelmethode, denn wenn es dir gelingt, großartige Ideen auf dieses kleine Format herunterzubrechen, dann bist du auf dem richtigen Weg, Großes entstehen zu lassen.

Der äußere Kreis von Brain – mit Begeisterung möchte ich dir von einer Methode erzählen, die ich kennengelernt habe und die mich wirklich fasziniert hat. Auf Veranstaltungen und Workshops habe ich den Graphic Recorder entdeckt – eine Person, die in der Lage ist, komplexe Inhalte in visuell ansprechender Form zu dokumentieren. Ich war beeindruckt, wie andere Teilnehmer des Vortrags mühelos der Dokumentation folgen konnten, während ich selbst noch Stunden später darin verweilte.

Diese Erfahrung hat mich schließlich dazu inspiriert, meine eigene komplexe Strategie von einem großartigen Team grafisch darstellen zu lassen. So gelang es uns in nur fünf Stunden, meine Ideen und Ziele in ansprechenden Grafiken zu visualisieren, die auf einen Blick erfasst und verstanden werden konnten.

Eine weitere Darstellung durch einen Grafikrekorder ist in der nachstehenden Abbildung zu sehen, die eine meiner Keynotes zeigt. Die Bilder erzählen ohne Stimme die gesamte Rede auf einem Blatt Papier. Beeindruckend, nicht wahr?

Abb. 11: Darstellung einer Keynote durch einen Grafikrekorder

B wie Body

Bei diesem Punkt geht es um meine Werkzeuge und körperliche Voraussetzungen, die es braucht, um dein Produkt oder deine Dienstleistung lebendig werden zu lassen.

Abb. 12: B für Body

Im inneren Kreis des bekannten Kreismodells findest du deine persönlichen Ressourcen wie deine Muskelkraft und Werkzeugkisten. Vielleicht hast du einen kleinen Hobbyraum oder bist sogar schon besser ausgestattet mit einer kompletten Werkstatt, um auch etwas komplexere Produkte entstehen zu lassen.

Manchmal brauchst du auch einen 3D-Drucker oder andere Werkzeuge, die man üblicherweise nicht in einem Haushalt findet. Aber auch hier merkst du gerade, dass es garantiert viele tolle Gegenstände gibt, die du nutzen kannst, um deine Idee real werden zu lassen. Manchmal kannst du auch durch Abfall kreativ werden, das heißt durch den Abfall, den du oder andere produziert haben, und damit ganz neue Ideen entstehen lassen.

Es scheint auch hier an dieser Stelle einen völlig neuen Trend zu geben. Inzwischen habe ich festgestellt, dass auf vielen Weihnachtsmärkten immer mindestens einer dabei ist, der aus alten Gegenständen etwas Neues geschaffen hat. Ich finde diese Möglichkeit ganz wunderbar. Manchmal sind es einfache Lampen, die kombiniert werden aus alten Trompeten und wunderbaren modernen auf alt gemachten LED-Glühbirnen, und es entsteht eine ganz tolle, außergewöhnliche Designerlampe.

Es gibt noch so viel mehr, was du nutzen kannst, um deine Ideen wahr werden zu lassen. Ich bin immer wieder überrascht, welche Gegenstände im Haushalt sich als hilfreich erweisen können. Es kommt jedoch auch darauf an, welche körperlichen Voraussetzungen man mitbringt. Ich selbst bin nicht unbedingt die stärkste Person, aber mit der richtigen Technik konnte ich schon so manche Herausforderung meistern. Ein einfacher Hebel oder eine besondere Schleifentechnik können wahre Wunder bewirken und dir dabei helfen, dein Handwerk auf ein höheres Niveau zu bringen. Selbst wenn du Einschränkungen hast, gibt es oft Lösungen, um diese zu überwinden und deine Ideen in die Tat umzusetzen.

Sei kreativ und experimentiere mit verschiedenen Werkzeugen und Techniken, um dein Potenzial auszuschöpfen!

Vielleicht geht es dir genauso wie mir und du hast schon einige Dinge im Kopf, die dir dabei helfen können, deine Idee in die Tat umzusetzen. Aber was passiert, wenn du über den eigenen Werkzeugkasten hinausschauen musst? Genau an dieser Stelle kommt der mittlere Kreis ins Spiel. Hier geht es um Gegenstände, die du kennst, die aber nicht direkt dir gehören. Ich vergleiche es mit dem Ausleihen von Zucker oder Mehl beim Nachbarn. Vielleicht hat dein Nachbar auch noch weitere Dinge, die dir helfen könnten, oder er ist sogar in einem

Business tätig, das Werkzeuge und Geräte verleiht. Ich habe zum Beispiel einen Nachbarn, der einen eigenen Baumarkt besitzt, und das ist für mich ein Paradies, um mich auszutoben. Er bringt auch manchmal neue Geräte vorbei, die ich ausprobieren und bewerten darf.

Vielleicht hast du auch Freunde oder Bekannte, die Werkzeuge oder Gegenstände besitzen, die du für deine Idee gebrauchen könntest. Es geht hier nicht nur um Dinge, die man täglich braucht, sondern auch um spezielle Werkzeuge oder Geräte, die man nur für ein Projekt benötigt. Auch hier kann man sich einfach in der Nachbarschaft umschauen und nachfragen, ob man die gewünschten Gegenstände für eine gewisse Zeit ausleihen darf. Das spart nicht nur Geld, sondern schont auch die Umwelt.

Wenn es darum geht, dass man seine Muskelkraft erhöht, damit man gemeinsam an einem Strang ziehen kann, hilft es oft, erstmal in seinem Bekanntenkreis und in der Nachbarschaft nach Hilfe zu fragen. Man stelle sich nur einen großen Umzug vor: Natürlich kann man sich direkt an ein Umzugsunternehmen wenden, aber als Allererstes fragt man sicherlich seine Freunde, Bekannte oder Nachbarn, die für einen vielleicht sogar beides darstellen. Mit vereinten Kräften schafft man einfach so viel mehr.

Ich weiß, dass es manchmal schwer ist, um Hilfe zu bitten, aber ich kann dir aus Erfahrung sagen: Wer andere um Hilfe bittet, bietet vielleicht auch einfach mal seine Hilfe an. Und es fällt einem dann viel einfacher, auch andere Menschen für einen kurzen Moment für sich einzuspannen. Das ist so viel einfacher, als selbst die ganze Zeit über seine Dinge nachzudenken. Lass uns gemeinsam anpacken und unsere Ideen lebendig werden lassen!

Natürlich dauert es immer einen Moment, bis ich Menschen für meine Ideen begeistern kann. Manchmal gelingt das auch gar nicht. Aber trotzdem ist es wichtig, dass Menschen an der einen oder anderen Stelle mit anpacken. Allerdings brauche ich dafür einen genauen Plan und eine Anleitung, was diese Menschen tun sollen. Häufig scheitert es daran. Aber wenn ich diese Strategie vernünftig verfolge, habe ich nicht nur einen Plan, sondern kann den Menschen auch genau sagen, was sie tun sollen. Menschen, denen ich sage, was sie tun sollen, helfen sehr gerne. Menschen, denen ich nicht sage, was sie tun sollen, tun dies eher ungern und stehen nach einer Weile wie Falschgeld herum.

Ich möchte sicherstellen, dass ich die Menschen, die mir helfen, gerne und tatkräftig unterstütze. Deshalb stelle ich mir einfach mal vor, dass durch ihre Hilfe auch auf ihrer Seite eine Win-win-Situation entsteht und sie freudestrahlend hinterher sagen: „Mensch, dir helfe ich zukünftig sehr gerne, denn du hast mich auf ganz neue Ideen gebracht."

Das erinnert mich ein wenig an eine Renovierung oder den eben genannten Umzug. Denn häufig ist es tatsächlich so, dass unorganisierte Umzüge so starten, dass man vielleicht sogar noch zu Hause anfängt, Kartons einzupacken. Aber ist das alles bereits im Vorfeld passiert, sind die Kartons gut beschriftet, und hat man auch die neue Wohnung so beschriftet, dass jeder genau weiß, wo diese Kartons hingestellt werden sollen, dann wird es für alle ein Kinderspiel.

Zwischendurch mit einer Getränke- und Futterpause macht es allen einfach doppelt so viel Spaß und natürlich reden alle sehr vergnügt mit Musik und Tanz auf der Einweihungsparty sehr gerne über diesen gut organisierten Umzug. Anders ist es, wenn man eher chaotisch unterwegs ist. Dann fällt es vielen schwer, und auch die Party wird eher menschenleer am Ende des Tages. Denn alle sind nur erschöpft, völlig kaputt, und keiner hat mehr Lust auf irgendeine Feier. Und der Helfer weiß: Beim nächsten Mal helfe ich diesem Menschen nicht mehr.

Ich möchte nicht, dass die Menschen, die mir helfen, nur aus Mitleid handeln. Das ist wenig zielführend und führt eher zur Missgunst. Früher oder später hört man dann typische Floskeln wie „Der bekommt doch sowieso nichts auf die Kette". Also tue ich mir selbst einen Gefallen, wenn ich mir einen Plan mache und den Menschen zeige, an welchen Stellen sie was zu tun haben. Ich mache es ihnen so einfach wie möglich und gehe gut mit ihnen um, indem ich sie wertschätzend darauf anspreche, dass sie nicht nur einen tollen Job machen, sondern dass ich wirklich stolz darauf bin, dass diese Menschen in meinem Umfeld für mich in diesem Moment da sind.

Und du wirst dich wundern, was alles Gutes auf einmal möglich wird. Denn große Projekte werden nur mit großartigen Menschen realisiert.

Kommen wir nun zum dritten äußeren Kreis. Wie du bereits weißt, geht es hier um Fremde, die dein Projekt voranbringen können. Vielleicht verfügen sie über einen ganzen Maschinenpark, um deine Idee umzusetzen.

Vielleicht ist es ein Lohnfertiger, der dir hilft, ein Lebensmittel herzustellen, das es so auf dem Markt vielleicht noch nicht gibt. Oder vielleicht ist es ein Fensterbauer mit großen CNC-Maschinen, der für dich passende Fenster aus Kunststoff oder Holz produziert, die du an Endkunden weitergeben kannst. Manchmal gibt es auch die Möglichkeit, über Filme oder Partner wie Amazon oder Books on Demand seine Projekte in die Welt zu bringen. Als Dropshipper musst du hierbei über kein einziges Produkt verfügen, um erfolgreich Produkte unters Volk zu bringen. Die Möglichkeiten sind hier natürlich unbegrenzt.

Allerdings kann die Organisation in diesem Kreis etwas komplexer sein als bei der Umsetzung von Ideen unter Freunden und Bekannten. Umso wichtiger ist es, dass du nicht nur einen roten Faden hast, sondern einen ganz klaren Fahrplan, an welcher Stelle du was organisierst. Vielleicht musst du aufgrund der Komplexität sogar einen Schritt weitergehen und deinen Fahrplan, den du vorher gemacht hast, etwas weiter ausfeilen. Es könnte beispielsweise ein Diagramm oder ein Bauzeitenplan sein, den du aufstellst, um dein Bauprojekt oder deine Dienstleistungsbearbeitung auf ein entsprechendes Niveau zu bringen.

Eines ist aber auf jeden Fall sicher: Die Möglichkeiten des dritten Kreises, wenn es darum geht, Muskelkraft und Werkzeuge zu organisieren, sind nahezu grenzenlos. Inzwischen gibt es auch einige Anbieter, bei denen du die entsprechenden Geräte ausleihen oder borgen kannst, um dein Projekt zum Erfolg zu bringen. Es geht sogar so weit, dass du komplette Festival-Gelände aufbauen kannst, ohne ein einziges Gerät selbst besitzen zu müssen. Ob es nun Stromerzeuger, Aggregate, Lichtmasten, Bühnen, Gläser, Teller oder Besteck sind – du kannst heute alles leihen und die Muskelkraft dazu übrigens auch.

Natürlich geht das alles mit erheblichen Kosten einher, das brauche ich an dieser Stelle nicht zu sagen. Aber deine unternehmerische Verpflichtung ist es, das nötige Geld zu organisieren – am besten nicht dein eigenes –, um dieses Projekt real werden zu lassen. Vielleicht gibt es auch den einen oder anderen Deal, den du unternehmen kannst, damit das Ganze passiert. Zum Beispiel habe ich bei einer großen Spendengala seinerzeit erlebt, dass Lionel Richie in Deutschland wieder zum Auftritt kommt. Das Ganze wurde so organisiert, dass wir mit der damaligen Fluggesellschaft gesprochen hatten, die dann kostenlos nicht nur die ganze Mannschaft, sondern auch seine neue Band nach Deutschland geflogen hat – und dem nicht genug, denn wir organisierten dann auch noch den Rundflug an vier weitere Stellen in Europa mit dem Flug in die USA, also quasi nach Hause zurück. Dies war der Beginn seiner zweiten Gesangskarriere im europäischen Raum.

Das Ganze ist zwar schon gut 20 Jahre her, aber wir haben gezeigt, dass man sogar ohne einen einzigen Cent mit der richtigen Argumentation und mit dem richtigen Gedanken im Rücken dazu beitragen kann, Unmögliches möglich zu machen.

Auch du kannst dazu beitragen, indem du beispielsweise Spenden sammelst. Wie Lionel, der seinerzeit mit seinem Gesang auf der Bühne nicht nur ein wunderbares Publikum unterhalten hat, sondern auch dazu beigetragen hat, dass dieses Publikum sehr großzügig Spenden geleistet hat, um anderen Menschen zu helfen. Ich denke, dies ist eine sehr gute Möglichkeit, den dritten Kreis des B für Body dafür zu nutzen, deine Ideen und Ziele mit Erfolgsanspruch lebendig werden zu lassen.

Schau dir zunächst an, welche Möglichkeiten du selbst mitbringst, um dein Projekt voranzutreiben. Dann schau, ob du mit dieser Kraft andere Menschen bewegen kannst. Und schließlich, ob du über diese Kraft hinaus noch größere Projekte wahrwerden lassen kannst, indem du mit Fremden zusammenarbeitest.

B wie BlackBox

Bevor wir nun zum Business und zum Handeln kommen, lass uns über mein Lieblings-B sprechen – die BlackBox.

Abb. 13: B für BlackBox

Die BlackBox ist wahrscheinlich die größte Geschenkverpackung der Welt. Im Grunde gibt es die BlackBox schon sehr, sehr lange. Die meisten Menschen verbinden die BlackBox mit dem Fahrtenschreiber in einem Flugzeug. Davon gibt es immer zwei unterschiedliche an Bord. Das bedeutet, dass ein Flugzeug nicht nur die Flugdaten aufzeichnet, sondern auch die Audiodaten, die während des Fluges durch die Besatzung gesprochen werden.

Bevor wir nun auf das BlackBox-Prinzip eingehen, möchte ich dir sagen, dass das für mich eine Offenbarung war. Es ermöglicht, Produkte und Dienstleistungen in Echtzeit anzupassen. Aber bevor wir in die Details gehen, starten wir wie bekannt schon mit den drei Kreisen. Wenn ich Workshops, Seminare oder andere vergleichbare Events gebe, nutze ich sehr gerne eines der wahrscheinlich maßlos unterschätzten Werkzeuge, um eine Fahrt zu dokumentieren. Teilweise ist dieses Werkzeug sogar in Vergessenheit geraten. Jetzt fragst du dich natürlich, welches es ist. Es ist das Werkzeug, das durch unsere Schulbildung tatsächlich auch heute noch jeder beherrscht. Dadurch entsteht eine Chancengleichheit und man muss sich nicht vorher mit der Technik dieses Werkzeuges auseinandersetzen.

Na gut, ich gebe dir jetzt mal einen kleinen Hinweis. Vielleicht gefällt einem die eigene Schriftart nicht, aber nichtsdestotrotz bleibt es dabei, dass das wahrscheinlich beste Werkzeug, um Chancengleichheit herzustellen, ins Handeln zu kommen und seine Arbeit zu dokumentieren, Stift und Papier sind. Aber nutze Stift und Papier nicht, um Aufzeichnungen durchzuführen, sondern echte Notizen zu machen. Der Unterschied zwischen Aufzeichnungen und Notizen ist relativ einfach. Bei Aufzeichnungen schreibst du im Grunde nur das auf, was du gerade siehst oder gehört hast. Notizen sind deine Aufzeichnungen, deine Dokumentationen, die du unternommen hast, um die Schublade im Gehirn bei dir zu öffnen, die es braucht, um die in dem Moment entstandene Idee wieder lebendig werden zu lassen.

Wenn du also möchtest, dass bei einem Teamworkshop alle mit ihren bekannten Werkzeugen und dem BlackBox-Prinzip starten, nutze Stift und Papier. Ich benutze übrigens sehr gerne übergroße Stifte und rechteckige Post-its. Denn bei dieser Art der Notiz gibt es einen riesigen Vorteil. Du musst dich aufgrund des geringen Platzbedarfs bewusst kurzfassen und deine Idee tatsächlich auf das Wesentliche beschränken – sozusagen auf den Punkt bringen.

Vielleicht möchtest du an dieser Stelle auch den bereits erwähnten TimeTimer nutzen. Damit kannst du das Ganze kurzhalten und dich auf das Wesentliche konzentrieren, um deine Ideen fokussiert auf Papier zu bringen. Im inneren Kreis gibt es heute natürlich viele Möglichkeiten, um deine Dokumentation auf ein höheres Niveau zu bringen. Zum Beispiel kannst du Knetmasse, Legosteine oder ähnliches benutzen, um deine Arbeit zu dokumentieren oder zu visualisieren.

Manchmal gibt es teure Workshops, die einem beibringen sollen, wie man kreativ mit ein paar Legosteinen umgeht. Aber ich bin ehrlich: Du brauchst nicht unbedingt einen Kurs oder eine Anleitung, um mit Legosteinen kreativ zu sein. Wenn du dir vorher ein kleines Storyboard gemacht hast, wie du dir die Zusammenarbeit vorstellst und welche Aufgaben die Einzelnen mit den Lego-Bausteinen übernehmen sollen oder mit der Knetmasse, dann können ganz hervorragende Ergebnisse im Rahmen der Dokumentationsreise, die du vorgenommen hast, entstehen. Es ist wie mit einem roten Faden, der dir dabei hilft, deine Gedanken und Ideen zusammenzuführen.

Gehen wir nun gemeinsam in den mittleren Kreis, denn hier warten fantastische Möglichkeiten auf uns. Die Optionen, die heute zur Verfügung stehen, sind unglaublich einfach und bieten enormes Potenzial. Ich kenne das Gefühl, sich mit Geräten wie Kameras, Tonbandgeräten oder Mobiltelefonen nicht so gut auszukennen, aber lass mich dir versichern, dass Übung den Meister macht.

Neben diesen Geräten bieten sich auch andere Möglichkeiten der Dokumentation an, wie zum Beispiel über YouTube-Live oder Podcast-Anbieter. Vielleicht möchtest du dein Wissen für die Nachwelt festhalten, so wie ich es in meinem eigenen Podcast „NIGGEMANN TO GO" tue. Dies ist im Grunde nichts anderes als eine Art Wissenskonserve, die man auf unterschiedliche Art und Weise verarbeiten kann, um daraus noch mehr Wert zu schöpfen.

Ich könnte mir sogar vorstellen, dass aus den unterschiedlichen Reden und Interviews, die ich in meinem Podcast geführt habe, irgendwann noch ein weiteres Buch entstehen wird. Aber das ist im Moment nur eine Vorstellung, und wir sollten uns stattdessen auf die Strategie konzentrieren. Schreibe deine Ideen auf, die dir dabei in den Sinn kommen, und verschwende keine Zeit damit, sie zu verwerfen. Setze lieber die Idee um, für die du dich entschieden hast, und verfolge sie weiter.

Lass uns jetzt weitermachen und uns dem äußeren Kreis widmen, wo es um eine noch größere Art der Dokumentation geht. Hier kannst du, wie ich es tue, die Speaker-Bühne nutzen, um deine Arbeit zu dokumentieren. Zeitungen, Filmstudios, Videostudios, Redaktionen, Tonstudios, Radio und Fernsehen wie Hamburg 1, die Rheinische Post oder der Lokalanzeiger können ebenfalls sehr hilfreich sein.

An dieser Stelle kommen auch fremde Menschen ins Spiel, die dir bei der Dokumentation deiner Arbeit helfen können. Fotografen, Kameraleute, Tonleute, Redakteure, Make-up-Artists und viele andere Menschen stehen bereit, um deine Dokumentation auf ein professionelles Level zu bringen.

In der heutigen Zeit ist das Ganze viel einfacher geworden. Du kannst jetzt mit deinem Handy und ein paar zusätzlichen Werkzeugen nahezu alles alleine umsetzen. Aber grundsätzlich empfehle ich dir, insbesondere wenn du einen gewissen Reifegrad erreicht hast, dir einen eigenen Kameramann oder sogar ein komplettes Team zu leisten, das deine Arbeit und dich dauerhaft dokumentiert. Die wirklich erfolgreichen Menschen haben das schon längst erkannt und fahren um sich herum ein komplettes Medienteam auf, das dabei hilft, die Arbeit nicht nur zu dokumentieren, sondern auch ins rechte Licht zu rücken und auf die wesentlichen Punkte zu beschränken.

Also zögere nicht, die Hilfe von anderen in Anspruch zu nehmen, um deine Arbeit auf das nächste Level zu bringen. Mit einem starken Team und einem professionellen Ansatz kannst du sicher sein, dass deine Arbeit die Aufmerksamkeit erhält, die sie verdient.

Weiter gehts! Die verschiedenen Methoden, die ich dir bisher vorgestellt habe, haben alle eins gemeinsam: Sie helfen dir nicht nur dabei, deine Arbeit zu dokumentieren, sondern auch bei der Auswertung und Anpassung. Wenn du diese Methoden sauber trennst und vielleicht sogar eine Art Labor herstellst, kannst du in Echtzeit Beobachtungsinterviews durchführen und die Ergebnisse auswerten. Das ist das, was wir mit unseren Teilnehmern im Regelfall tun, zumindest am letzten Tag.

Dabei geht es darum, mit echten Menschen aus deiner Zielgruppe, der sogenannten Persona oder Avatar, die Arbeit durchzugehen und auszuwerten. Wir bewerten mit fünf Personen, die das Projekt vorangebracht haben, die Erkenntnisse und bringen sie in die Anpassung des Prototyps ein. Der große Vorteil hierbei ist, dass wir viel Zeit und Geld sparen und vor allem die wesentlichen Punkte verändern. Wir vermeiden langwierige Überlegungen und vermeiden es, Dinge hinzuzufügen, die mit der eigentlichen Sache nichts mehr zu tun haben.

Unser Ziel ist es, das eine Prozent herzustellen, das für 51% der Ergebnisse verantwortlich ist. Wenn es dir gelingt, mit 20% deiner Energie 80% der Ergebnisse zu erzielen, dann haben wir gemäß von Alfredo Pareto das richtige Maß gefunden. Es ist nicht selten, dass wir über dieses Ziel hinausschießen wollen und dabei unendlich viel Zeit und Energie verbrauchen, die nicht nötig gewesen wäre, um die wesentlichen Fragen, die wir ganz zu Anfang gestellt haben, zu beantworten.

Das Pareto-Prinzip, auch bekannt als das 80/20-Prinzip, besagt, dass etwa 80% der Ergebnisse aus 20% der Ursachen resultieren. Das bedeutet, dass eine kleine Anzahl von Faktoren für den größten Teil der Ergebnisse verantwortlich ist.

Das Pareto vom Pareto-Prinzip, auch bekannt als das 64/4-Prinzip, besagt, dass 4% der Ursachen für 64% der Ergebnisse verantwortlich sind. Dies bedeutet, dass eine noch kleinere Anzahl von Faktoren für den größten Teil der Ergebnisse verantwortlich ist.

Das Pareto vom Pareto vom Pareto-Prinzip, auch bekannt als das 51/1-Prinzip, geht noch einen Schritt weiter. Es besagt, dass nur 1% der Ursachen für 51% der Ergebnisse verantwortlich sind. Das bedeutet, dass eine winzige Anzahl von Faktoren für den Großteil der Ergebnisse verantwortlich ist.

Das Pareto vom Pareto vom Pareto-Prinzip zeigt uns, wie wichtig es ist, unsere Anstrengungen auf die wichtigsten Faktoren zu konzentrieren, um maximale Ergebnisse zu erzielen. Durch die Identifizierung dieser kritischen Faktoren können wir unsere Ressourcen optimal nutzen und unsere Effektivität maximieren.

Also, mach weiter so und nutze die verschiedenen Methoden, die dir zur Verfügung stehen, um deine Arbeit zu dokumentieren, auszuwerten und anzupassen. Mit der richtigen Herangehensweise und einem klaren Ziel vor Augen wirst du schneller und effizienter zum gewünschten Ergebnis kommen.

B wie Business

Im B für Business fließen nun endlich all die Erkenntnisse und Erfahrungen aus der bisherigen Lehre zusammen.

Abb. 14: B für Business

Die Lektüre von Büchern wie „Sprint" von Jake Knapp, „Scrumm" von Jeff Sutherland, die OKR-Strategie von John Doerr, „Start with Why" von Simon Sinek und „Mind Mapping" von Tony Buzan haben mich inspiriert und meine Strategiebildung vorangetrieben. Ich habe mich von den besten Praktiken und Methoden in diesen Büchern angesprochen gefühlt, und sie in meine eigene 5B-Strategie integriert, die aus verschiedenen Schritten besteht, um sicherzustellen, dass ich meinen Zielen gerecht werde.

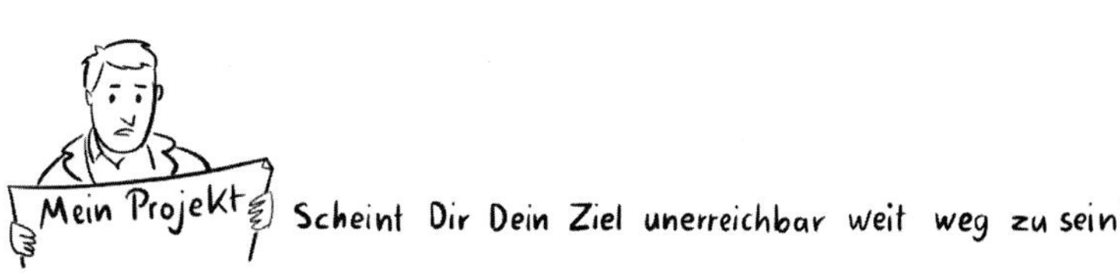

Abb. 15: Mein Projekt

Ich bin davon überzeugt, dass die Kombination dieser verschiedenen Ansätze dazu beigetragen hat, dass meine Strategie noch umfassender und zielgerichteter ist. Indem ich die Erkenntnisse dieser Bücher in meine eigene Strategie integriert habe, konnte ich ein besseres Verständnis dafür entwickeln, wie ich meine Ziele erreichen kann.

Das Ergebnis war eine maßgeschneiderte Strategie, die sich an meinen Bedürfnissen und Zielen orientiert und mich auf meinem Weg zum Erfolg unterstützt.

Zusammen mit den Bs Buddies, Brain, Body, BlackBox und Business treten wir nun den nächsten Schritt an und setzen unsere Ziele noch schneller und effektiver um. Doch wie funktioniert das genau? Eine bekannte agile Methode wie Sprint hilft uns dabei, unsere nächsten Entscheidungen schnell und zielgerichtet zu treffen. Dabei bringen wir alle unsere Bs zusammen, um das nächste gesetzte Ziel zu erreichen für die nächste Entscheidung.

Dies ist ein Leitfaden, den du selbst anwenden kannst, um einen Sprint in deinem Unternehmen zu erzielen und die wichtigsten Fragen zu beantworten.

Schritt 1: **Identifiziere das Problem und bestimme den wichtigsten Fokus, auf den du dich konzentrieren möchtest.**

Schritt 2: **Skizziere mögliche Lösungen auf Papier.**

Schritt 3: **Triff schwierige Entscheidungen und entwickle aus deinen Ideen eine testbare Hypothese.**

Schritt 4: **Erstelle einen realistischen Prototyp.**

Schritt 5: **Teste deinen Prototyp an fünf echten Menschen deiner Zielgruppe.**

In diesem Leitfaden wirst du lernen, wie du das Beste aus den unterschiedlichen Meinungen deiner Teammitglieder und der Vision deiner Führungskraft herausholen kannst. Du wirst zudem erfahren, warum es wichtig ist, dass dein Team drei Tage lang Telefone und Computer ausschaltet, und entsprechende Pausenzeiten einplant.

Nach Abschluss des Sprints wirst du vielleicht kein vollständiges, detailliertes und auslieferungsbereites Produkt haben, aber du wirst schnell vorankommen und genau wissen, ob die Richtung stimmt, in die du dich bewegst.

Bevor du mit dem Sprint startest, musst du die richtige Herausforderung definieren und das passende Team zusammenstellen. Außerdem solltest du genug Zeit und Raum für die Durchführung des Sprints einplanen. In den nächsten drei Kapiteln zeige ich dir, wie du den Sprint optimal vorbereiten kannst.

Je größer die Herausforderung, desto besser der Sprint. Wenn du ein Projekt beginnst, das Monate oder sogar Jahre in Anspruch nehmen wird, gibt es drei anspruchsvolle Situationen, für die der Sprint die Lösung bieten kann:

1. Du stehst vor einer großen Herausforderung wie deiner ersten Keynote als Speaker, bei der viel auf dem Spiel steht und die viel Zeit und Vorbereitung erfordert. Ein Sprint kann dir helfen, die Vorbereitungen für deine Keynote zu planen und den richtigen Kurs zu bestimmen, bevor du auf die Bühne gehst.

2. Du bist in einem Sprint gegen die Zeit für dein LinkedInLive-Event #CatchUpCall, bei dem du nur 17 Tage Zeit hast, um überzeugende Inhalte zu entwickeln und dein Publikum zu begeistern. Ein Sprint ist genau für solche hohen Anforderungen gemacht und kann dir dabei helfen, schnelle und überzeugende Lösungen zu finden.

3. Du steckst in einer Sackgasse fest und kommst nicht weiter bei der Planung deiner Veranstaltung. In solchen Situationen kann ein Sprint den nötigen Schub liefern und dir einen frischen Ansatz zur Problemlösung bieten, um deine Veranstaltung erfolgreich umzusetzen.

Bevor ein Flugzeug abhebt, durchläuft der Pilot das „Takeoff Briefing", um sicherzustellen, dass alles bereit ist. Genauso wie ein Pilot sich auf den Start vorbereitet, musst du dich auf den Start deines Projekts oder Vorhabens vorbereiten. Stell dir vor, du stehst an der Schwelle zu etwas Großem, und alles, was du brauchst, ist die richtige Vorbereitung, um sicher und erfolgreich abzuheben. Hier kommt das nächste Kapitel ins Spiel. Es ist wie dein persönliches „Takeoff Briefing" für den Erfolg. Bevor wir in die genauen Details der Strategie eintauchen, lass uns sicherstellen, dass du bereit bist, den Kurs festzulegen und mit voller Kraft voraus zu gehen. Bereit? Dann lass uns starten!

Das 5B-Strategie „Takeoff Briefing" kurz vor dem Start

Bevor wir uns in das Herzstück dieses Kapitels stürzen, möchte ich eine kurze Reflexion und Ermutigung teilen. Wenn du gerade denkst, „Ich habe kein Team", dann sei unbesorgt. Viele der hier beschriebenen Aufgaben und Rollen können von Einzelpersonen übernommen werden, insbesondere wenn du am Anfang deines Projekts oder deiner Unternehmung stehst. Ich erinnere mich an Kapitel 2, in dem ich von Napoleon Hill und der Kraft der Affirmation lernte. Hill sprach von der Fähigkeit, sich Experten – sogar historische oder verstorbene Persönlichkeiten – vorzustellen und sie in Gedanken an den Tisch zu holen, um Rat zu suchen. Stell dir vor, du könntest Steve Jobs als IT-Experten zu deinem virtuellen Beratungstisch einladen! Auch wenn dies nur eine mentale Übung ist, kann sie erstaunlich wirksam sein, um Perspektiven zu erweitern und Inspiration zu finden.

Jetzt, mit dieser Vorstellung im Hinterkopf, lass uns tiefer in das Konzept der „Buddies" und des A-Teams eintauchen ...

Wenn du vor einer großen Herausforderung stehst, ist es wichtig, ein Team von Menschen um dich zu haben, die unterschiedliche und wertvolle Fähigkeiten besitzen. Das Konzept der „Buddies" kann eine großartige Möglichkeit sein, um sicherzustellen, dass dein Team wie das legendäre A-Team zusammenarbeitet. Wie beim A-Team ist jedes Teammitglied ein Experte auf seinem Gebiet und bringt einzigartige Fähigkeiten und Perspektiven mit, die das Team zusammenführen und zu einem gemeinsamen Ziel führen.

Um eine effektive Gruppe von Buddies zu schaffen, solltest du zunächst sicherstellen, dass jeder im Team eine klare Rolle und Verantwortung hat. Jeder Buddy sollte über bestimmte Fähigkeiten und Erfahrungen verfügen, die dazu beitragen, das Projekt voranzutreiben.

Doch wie findest du die richtigen Leute für dein Team? Schau in deine Buddy-Liste und überlege, wer von ihnen welche Talente und Fähigkeiten hat, die für deine Herausforderung nützlich sein könnten. Vielleicht kennt einer von ihnen den Markt besonders gut, während ein anderer über ein großes Netzwerk von Kontakten verfügt.

Wähle sorgfältig aus und achte darauf, dass jedes Mitglied eine klare Rolle und Verantwortung hat. Nur so kann dein Team effektiv arbeiten und sein volles Potenzial ausschöpfen.

Denke daran, dass jeder im Team eine Stimme hat und dass es wichtig ist, die unterschiedlichen Meinungen und Ideen zu berücksichtigen. Durch Zusammenarbeit und den Austausch von Perspektiven könnt ihr zu neuen und innovativen Lösungen gelangen.

Mit dem richtigen Team an deiner Seite wird deine Herausforderung weniger einschüchternd wirken und ihr werdet gemeinsam an einer erfolgreichen Lösung arbeiten.

Bilde ein Team aus max. sieben Teilnehmern oder weniger, und was soll ich dir sagen, optimal sind fünf Teilnehmer und ein Moderator! Kommt dir das mit den fünf irgendwie bekannt vor?

Wenn du nicht der Entscheider bist, dann hole ihn mit an Bord!

An dieser Stelle erinnere ich mich an eine fesselnde Anekdote, die ein Teilnehmer während unseres Events „Unternehmenswerte frisch geröstet" zum Besten gab. Sie handelt von ihm und seiner Reise in die Unternehmenswelt.

Bevor er in die Welt der Geschäfte eintauchte, fuhr er auf dem Eisbrecher und Forschungsschiff „Polarstern". Dort lernte er einen Kapitän kennen, der nicht nur durch seine Entscheidungsfähigkeit, sondern auch durch sein Talent, die individuellen Stärken seiner Crew zu erkennen und zu fördern, beeindruckte.

Wenn es darum ging, das dickste Packeis zu durchbrechen, überließ der Kapitän das Ruder stets „Buddle", seinem ersten Offizier. Der Spitzname „Buddle" war kein Zufall, denn er war bekannt dafür, hin und wieder einen guten Schluck zu genießen. Doch trotz dieser Eigenheit war Buddle unübertroffen darin, das Eis zu durchbrechen. Und er wusste genau, wann es Zeit war, das Steuer wieder dem Kapitän zu übergeben.

In solch kritischen Momenten, in denen das Wohl und die Sicherheit seiner Mannschaft auf dem Spiel standen, zögerte der Kapitän nie, Buddle das Kommando zu überlassen.

Der spätere Unternehmer war so tief von der Weisheit des Kapitäns und der Fähigkeit Buddles beeindruckt, dass er einige dieser Tugenden in seine eigene Führungsweise und sein Unternehmen integrierte. Doch die wichtigste Lektion, die er mitnahm, war die Kunst, „Entscheidungen zu treffen".

Wenn du in einem Team arbeitest und nicht allein für die Entscheidungen verantwortlich bist, ist es wichtig, den Entscheider frühzeitig in den Sprint mit einzubeziehen. Dieses einmalige Experiment erfordert schnellen Fortschritt zur nächsten Entscheidung und erfordert manchmal, dass andere Dinge zurückgestellt oder Kompromisse eingegangen werden müssen. Das bedeutet, dass es für das Team von entscheidender Bedeutung ist, den Fokus auf das Ziel zu richten und sicherzustellen, dass alle Beteiligten auf derselben Seite sind. Wenn du den Entscheider ins Boot holst und sicherstellst, dass er oder sie Teil des Prozesses ist, erhöhst du die Wahrscheinlichkeit, dass alle an einem Strang ziehen und dass am Ende eine erfolgreiche Lösung gefunden wird. Es ist wichtig, offen und ehrlich über die Herausforderungen und Möglichkeiten zu sprechen und sicherzustellen, dass alle Beteiligten die gleiche Vision für das Ziel haben. Zusammen könnt ihr das Sprint-Team auswählen und sicherstellen, dass jeder seine einzigartigen und wertvollen Fähigkeiten beiträgt, um das Ziel zu erreichen.

Es gibt viele mögliche Experten, die in einem Sprint-Team wertvolle Beiträge leisten könnten. Hier sind einige Beispiele:

- **Der Entscheider:** Dies könnte der Geschäftsführer oder Unternehmer sein, der die Vision und Ziele des Unternehmens vertritt und entscheidende Entscheidungen trifft. Seine/Ihre Beteiligung ist wichtig, um sicherzustellen, dass der Sprint den Zielen des Unternehmens entspricht.

- **Der Vertriebsexperte:** Ein Experte im Bereich Vertrieb kann wertvolle Einblicke in die Bedürfnisse der Kunden und den Verkaufsprozess bieten. Er/Sie kann auch helfen, den Markt zu analysieren und das Potenzial neuer Produkte oder Dienstleistungen zu bewerten.

- **Der Marketingexperte:** Ein Experte im Bereich Marketing kann bei der Entwicklung einer klaren Markenbotschaft und Marketingstrategie helfen. Er/Sie kann auch bei der Erstellung von Marketingmaterialien und der Identifizierung von Marketingkanälen unterstützen.

- **Der Technikexperte:** Ein Experte im Bereich Technologie kann bei der Bewertung der technischen Machbarkeit von Lösungen und der Auswahl von Werkzeugen oder Plattformen helfen. Er/Sie kann auch bei der Implementierung und Tests von Prototypen oder der Integration von Lösungen unterstützen.

- **Der IT-Experte:** Ein Experte im Bereich IT kann bei der Auswahl und Implementierung von Softwarelösungen oder bei der Integration von Systemen helfen. Er/Sie kann auch bei der Sicherstellung der Sicherheit und Skalierbarkeit von Lösungen unterstützen.

Vielleicht lädst du am ersten Tag / bei Schritt 1 auch weitere Experten zu einem Gastbeitrag ein.

Ein Gastbeitrag von weiteren Experten kann das Team inspirieren und neue Perspektiven aufzeigen. Vielleicht gibt es Experten aus anderen Branchen oder Disziplinen, die einen wertvollen Beitrag zum Sprint leisten können. Vielleicht können sie auch eine andere Sichtweise auf das Problem oder die Herausforderung bieten, die dem Team bisher nicht bekannt war. Auf diese Weise kann das Team seine Kreativität und Innovationsfähigkeit steigern und schneller zu einer Lösung kommen.

Als Teil des Teams im Sprint ist es eine kluge Entscheidung, einen neutralen Moderator zu bestimmen, der nicht der Entscheider ist, um einen fairen und ausgeglichenen Sprint zu gewährleisten. Doch wie findet man den richtigen Moderator aus dem Team? Hier sind einige Tipps, die bei der Auswahl helfen können:

Zunächst sollte man nach jemandem suchen, der in der Lage ist, effektiv zu kommunizieren und verschiedene Standpunkte zu hören und zu vermitteln. Erfahrung in der Moderation von Gruppen und Veranstaltungen kann ebenfalls von Vorteil sein. Wichtig ist, dass der Kandidat eine unvoreingenommene Einstellung hat und in der Lage ist, Meinungen und Ideen neutral zu bewerten. Auch die Persönlichkeit des Kandidaten ist wichtig. Ein Moderator sollte in der Lage sein, konstruktives Feedback zu geben und zu empfangen.

Indem man diese Faktoren sorgfältig berücksichtigt, kann man den geeigneten Moderator auswählen, der das Sprint-Team leitet und sicherstellt, dass alle Mitglieder fair behandelt werden und der Sprint reibungslos abläuft. Eine kluge Entscheidung, um das Ziel des Sprints erfolgreich zu erreichen.

Reserviere fünf volle Tage in deinem Kalender für den ultimativen Produktivitätsschub!

Gerade bei einem wichtigen Sprint ist es wichtig, einen geeigneten Raum für das Team zu finden. Am besten eignet sich ein neutraler Raum außerhalb der bekannten Räumlichkeiten. So können Ablenkungen minimiert und eine produktive Arbeitsatmosphäre geschaffen werden.

Wenn du und dein Team an einem wichtigen Projekt arbeiten, kann es schwierig sein, einen geeigneten Ort zu finden, an dem ihr euch konzentrieren könnt. Es gibt viele Ablenkungen im Büro, sei es durch Meetings, Anrufe oder Gespräche mit Kollegen.

Eine Option könnte ein OpenOffice sein, dass oft speziell für die Zusammenarbeit von Teams und die Arbeit an Projekten konzipiert ist. Solche Räume bieten eine professionelle Umgebung und sind mit allem ausgestattet, was du und dein Team für eine erfolgreiche Arbeit benötigt, wie WLAN, Drucker, Flipcharts und Whiteboards. Darüber hinaus bieten sie oft auch eine ruhige Atmosphäre, die es dir und deinem Team ermöglicht, sich voll auf das Projekt zu konzentrieren.

Um den größtmöglichen Nutzen aus einem neutralen Raum zu ziehen, könnte es sinnvoll sein, sich für einen Zeitraum von fünf Tagen am Stück zu verpflichten, beispielsweise von Montag bis Donnerstag von 9 bis 16 Uhr und am Freitag bis 17 Uhr. Dies gibt dir und deinem

Team die Möglichkeit, sich vollständig auf das Projekt zu konzentrieren, ohne Unterbrechungen oder Ablenkungen. Natürlich könnt ihr während der Pausen auch gemeinsam etwas unternehmen, um den Teamgeist zu stärken.

Indem du einen neutralen Raum für dein Team findest und eine konzentrierte Arbeitszeit festgelegt wurde, schaffst du eine Umgebung, die dir und deinem Team ermöglicht, das bestmögliche Ergebnis zu erzielen.

Die „Keine-Geräte-Regel":
Warum Technologie-freie Meetings wichtig sind

In der heutigen digitalen Welt sind wir ständig von unseren Geräten umgeben. Ob wir uns auf der Arbeit befinden oder in unserer Freizeit, es scheint fast unmöglich, den Versuchungen von Smartphones, Laptops und Tablets zu widerstehen. Aber was passiert, wenn wir versuchen, uns von diesen Technologien zu trennen?

Es ist bekannt, dass Meetings oft von unproduktiven Diskussionen und Ablenkungen geplagt werden. Durch die ständige Präsenz von Technologie können Meetings noch mehr entgleisen, wenn Teilnehmer abgelenkt werden und wichtige Informationen verpassen. Es ist daher wichtig, einen klaren Rahmen zu setzen, der sich auf das Treffen von Entscheidungen und den Fokus auf wichtige Themen konzentriert. Eine Möglichkeit, dies zu tun, ist durch die Einführung einer „Keine-Geräte-Regel".

Die „Keine-Geräte-Regel" besagt, dass alle Teilnehmer eines Meetings oder Workshops jegliche elektronischen Geräte wie Notebooks, Mobiltelefone, iPads oder Ähnliches zu Hause lassen oder ausschalten müssen. Obwohl dies anfangs schwierig sein mag und sich ungewohnt anfühlt, gibt es viele Vorteile, wenn wir unsere Geräte ausschalten.

Zum einen kann die Abwesenheit von Technologie ein Gefühl der Ruhe und Konzentration schaffen. Ohne ständige Unterbrechungen durch Benachrichtigungen und Ablenkungen können die Teilnehmer sich besser auf die Diskussionen und Entscheidungen konzentrieren. Die „Keine-Geräte-Regel" ermöglicht es auch den Teilnehmern, einander aktiv zuzuhören und aufeinander einzugehen. Eine persönlichere Interaktion kann dazu beitragen, Beziehungen aufzubauen und bessere Entscheidungen zu treffen.

Ein weiterer Vorteil der „Keine-Geräte-Regel" ist, dass sie dazu beitragen kann, das Meeting effizienter zu gestalten. Ohne ständige Unterbrechungen und Ablenkungen durch Technologie können Diskussionen schneller voranschreiten und Entscheidungen schneller getroffen werden. Das kann Zeit sparen und zu besseren Ergebnissen führen.

Es ist wichtig, dass wir uns während unserer Meetings und Workshops auf das Wesentliche konzentrieren und uns nicht ablenken lassen. Deshalb ist es notwendig, dass wir uns alle an die „Keine-Geräte-Regel" halten. Das bedeutet, dass während der Sitzungen keine Notebooks, Mobiltelefone, iPads oder andere elektronische Geräte erlaubt sind. Auch wenn es schwer fällt und sich ungewohnt anfühlt, können wir so sicherstellen, dass alle Teilnehmer präsent sind und sich vollständig auf die Diskussionen konzentrieren können.

Um sicherzustellen, dass jeder sich an diese Regel hält, müssen wir zu Beginn jeder Sitzung oder jedes Workshops darauf hinweisen. Wir sollten auch sicherstellen, dass jeder die Möglichkeit hat, dringende Anrufe oder Nachrichten zu tätigen oder zu beantworten, bevor die Sitzung beginnt. In den Pausen ist es in Ordnung, das Mobiltelefon oder Laptop zu überprüfen, solange dies außerhalb des Raumes geschieht, um andere Teilnehmer nicht zu stören.

Natürlich gibt es bestimmte Situationen, in denen wir Geräte für unsere Arbeit benötigen. Zum Beispiel, wenn wir etwas dem gesamten Team zeigen müssen oder wenn wir beim 4. Schritt den Prototyp erstellen. In solchen Fällen werden wir die entsprechenden Geräte verwenden.

Durch die Einhaltung dieser „Keine-Geräte-Regel" können wir effektiver und produktiver arbeiten und unsere Sitzungen und Workshops zu einem erfolgreichen Abschluss bringen.

Wer hat an der Uhr gedreht?
Oder was hat die TimeTimer-Story mit der 5B-Strategie zu tun?

Eine teure Uhr wie eine Rolex, Glashütte oder Patek Philippe kann imponieren, aber sie allein kann keine Zeit zurückgeben. Der wirklich wertvolle Zeitmesser ist jener, der uns hilft, unsere Zeit effektiv zu nutzen, und das ist genau das, was der TimeTimer tut – er schenkt uns Zeit.

Wenn man das Ziel hat, in nur fünf Tagen ein neues Produkt einschließlich Idee, Prototyp und Kundentestung auf den Markt zu bringen, ist es wichtig, seine Produktivität unter Kontrolle zu haben. Mein Rat ist, statt mehr Zeit zu investieren, diese besser zu limitieren.

Das kann man mit einem TimeTimer erreichen. Hinter der Entstehung dieses praktischen Tools steckt eine interessante Geschichte aus Verkauf und Marketing. Der TimeTimer wurde 1983 von Jan Rogers erfunden, als er auf die Frage seiner Tochter, wie lange es noch dauert, eine bessere Antwort geben wollte. Noch am gleichen Abend verschwand er im Keller, baute einen manuellen Prototyp und brachte die Idee zur Verwirklichung.

Heute ist Jan CEO eines Millionen-Dollar-Unternehmens und der TimeTimer wird weltweit in Klassenzimmern genutzt. Er hilft bei der Visualisierung der Zeit und beantwortet viele Fragen, die täglich gestellt werden. Ob man die Arbeitszeit verfolgen, ein Interview oder eine Keynote timen möchte oder einfach wissen will, wann das Essen serviert wird oder der Bus kommt – der TimeTimer ist ein unverzichtbares Instrument für ein effizientes Zeitmanagement und die Anwendung agiler Methoden.

Auch im Businessbereich ist der TimeTimer ein nützliches Werkzeug, um sicherzustellen, dass Meetings effizient und auf Zeit gehalten werden. Darüber hinaus kann es auch bei persönlichem Zeitmanagement eingesetzt werden, um zu verhindern, dass man in Aktivitäten versinkt, die länger dauern als geplant.

Zusammenfassend kann gesagt werden, dass der TimeTimer ein praktisches und nützliches Werkzeug ist, das in vielen Bereichen eingesetzt werden kann. Seine visuelle Darstellung der verbleibenden Zeit hilft dabei, Zeitbegriffe besser zu verstehen und Zeitmanagement-Fähigkeiten zu verbessern.

Zeit ist kostbar und mit dem TimeTimer kann man sie besser nutzen.

Probiere es aus – und ich wünsche dir viel Freude mit dem wertvollen Zeitmanagement-Tool!

Der TimeTimer oder eine vergleichbare Uhr sind unverzichtbare Werkzeuge in meiner 5B-Strategie. Zeitmanagement ist ein wichtiger Bestandteil jeder erfolgreichen Strategie und es ist wichtig, dass man die verbleibende Zeit visualisiert und besser kontrollieren kann.

In meiner 5B-Strategie nutze ich den TimeTimer, um mich auf die wichtigsten Aufgaben zu konzentrieren und mich davon abzuhalten, in ineffizienten Aktivitäten zu versinken. Dies hilft mir, meine Prioritäten zu setzen und meine Projekte innerhalb des vorgesehenen Zeitrahmens abzuschließen.

Darüber hinaus nutze ich die Uhr auch, um meine täglichen Meetings, Telefonkonferenzen und andere Veranstaltungen im Auge zu behalten. Dies sorgt dafür, dass ich nicht nur effizienter arbeite, sondern auch dafür, dass ich meine Termine einhalte und pünktlich zu meinen Veranstaltungen erscheine.

Insgesamt ist der TimeTimer oder eine vergleichbare Uhr ein unverzichtbares Werkzeug für jeden, der seine Zeit effektiv und produktiv nutzen möchte. Es hilft dabei, Prioritäten zu setzen, Zeitbegriffe besser zu verstehen und Zeitmanagement-Fähigkeiten zu verbessern. In meiner 5B-Strategie ist es ein wichtiger Bestandteil, um meine Ziele zu erreichen und meine Projekte erfolgreich abzuschließen.

Der TimeTimer ist in vielen verschiedenen Größen erhältlich, von großen Wandmodellen bis hin zu kompakten Pocket-Modellen, die einfach in jede Tasche passen. Diese praktische Uhr kann sogar als App für das iPhone, die Apple Watch und andere Mobilgeräte heruntergeladen werden, so dass man sie immer und überall dabei hat. Diese Flexibilität macht den TimeTimer zu einem unverzichtbaren Werkzeug in meiner 5B-Strategie.

Der TimeTimer ermöglicht es mir, meine Zeit effektiv zu nutzen und mich auf die wichtigen Aufgaben zu konzentrieren, unabhängig davon, wo ich bin oder was ich tue. Die visuelle Darstellung der verbleibenden Zeit hilft mir, mich auf das Wesentliche zu konzentrieren und mich von Ablenkungen fernzuhalten, um meine Ziele schneller und effizienter zu erreichen.

Sprint, zwei Whiteboards und mehr als nur Zettelwirtschaft

Aber was ist eigentlich ein Sprint? Bei diesem Begriff denken viele vielleicht zuerst an Sport oder an einen kurzen, schnellen Lauf. Doch in der Welt der Produktentwicklung und des kreativen Problemlösens hat „Sprint" eine ganz andere Bedeutung.

Die SPRINT-Methode, oft als „Design Sprint" bezeichnet und ursprünglich bei Google Ventures entwickelt, stellt einen intensiven fünftägigen Prozess dar. In diesem Zeitraum identifizieren Teams ein spezifisches Problem oder eine Herausforderung, entwickeln Lösungsideen, erstellen einen Prototypen und testen diesen am Ende mit echten Nutzern. Der Hauptzweck dieses Ansatzes ist es, in kurzer Zeit herauszufinden, ob eine Idee oder ein Konzept Potenzial hat, ohne dabei Monate oder gar Jahre in die Entwicklung zu investieren. Im Gegensatz dazu steht der SCRUM-Sprint, ein fester Zeitraum von meist zwei bis vier Wochen, in dem ein Scrum-Team an einem vorher festgelegten Satz von Aufgaben arbeitet. Das Ziel hierbei ist es, ein funktionierendes Produktinkrement zu erstellen, das am Ende des Sprints dem Kunden oder Stakeholder präsentiert werden kann. Während beide „Sprints" intensive Arbeitsphasen repräsentieren, liegt der Fokus des Design Sprints auf dem schnellen Prototyping und dem Testen von Ideen, wohingegen der SCRUM-Sprint die Entwicklung und Lieferung von funktionsfähigen Produktinkrementen in den Vordergrund stellt. In der 5B-Strategie findet die SPRINT-Methode Anwendung in der um in kurzer Zeit effektive und nutzerzentrierte Lösungen zu entwickeln.

Es handelt sich also um einen strukturierten Prozess, in dem Teams innerhalb eines festgelegten Zeitraums Ideen entwickeln, Prototypen erstellen und Lösungen testen. Und während dieses intensiven Prozesses sind Werkzeuge zur Visualisierung und Organisation von Gedanken unerlässlich. Hier kommen die zwei Whiteboards ins Spiel. Im nächsten Abschnitt erkunden wir, weshalb im Sprint-Prozess speziell zwei Whiteboards von zentraler Bedeutung sind und wie sie helfen, kreative Gedanken wirkungsvoll zu verankern und weiter auszuarbeiten.

Eine effektive Methode zur Unterstützung des Ideenaustauschs und der Konzeptentwicklung im Rahmen des Sprints besteht darin, zwei Whiteboards zu verwenden. Diese können als visuelle Plattformen dienen, auf denen Teammitglieder ihre Gedanken, Ideen und Überlegungen teilen können.

Die Verwendung von Whiteboards bietet eine Vielzahl von Vorteilen. Erstens bieten sie eine größere Fläche als herkömmliche Flipcharts oder Papierbögen, wodurch mehr Ideen auf einer einzigen Oberfläche Platz finden. Zweitens können Whiteboards schnell und einfach gelöscht und bearbeitet werden, wodurch Teams die Möglichkeit haben, ihre Konzepte und Ideen schnell zu überarbeiten und weiterzuentwickeln.

Darüber hinaus können zwei Whiteboards nebeneinander platziert werden, um mehr Raum für die Visualisierung von Ideen und Konzepten zu schaffen. Dies kann besonders nützlich sein, wenn Teams komplexe Ideen entwickeln oder verschiedene Konzepte vergleichen möchten.

Durch die Verwendung von Whiteboards im Sprint können Teams ihre Konzeptentwicklung verbessern und ihre Ideen auf eine effektive Weise teilen. Es ist jedoch wichtig, sicherzustellen, dass alle Teammitglieder in der Lage sind, die Whiteboards zu nutzen, und dass die Boards regelmäßig gelöscht werden, um Platz für neue Ideen zu schaffen.

Warum Stift und Papier immer noch unverzichtbar sind

Für einen erfolgreichen Sprint ist es wichtig, Ideen und Konzepte visuell darzustellen und zu kommunizieren. Dabei können große Whiteboards und rechteckige Post-its eine große Hilfe sein. Auf den Whiteboards können Teams ihre Ideen aufschreiben, Konzepte skizzieren und Zusammenhänge visualisieren. Die großen rechteckigen Post-its eignen sich hervorragend für die Zusammenfassung von Konzepten und Ideen, die auf den Whiteboards entwickelt wurden.

Mit den großen Whiteboard-Markern können die Teilnehmer ihre Ideen und Konzepte auf dem Board präsentieren und den Fortschritt des Projekts verfolgen. Die rechteckigen Post-its können dabei helfen, die verschiedenen Ideen und Konzepte zu sortieren und die wichtigsten Informationen hervorzuheben.

Das Verwenden von Whiteboards und rechteckigen Post-its kann dazu beitragen, dass alle Teammitglieder auf demselben Stand sind und gemeinsam an einer Vision arbeiten. Zudem können sie jederzeit aktualisiert und ergänzt werden, was für eine flexible Arbeitsweise und Anpassung an Veränderungen im Laufe des Projekts sorgt.

Insgesamt sind Whiteboards und rechteckige Post-its wertvolle Werkzeuge für den Sprint und sollten daher in keinem Team fehlen.

Die 5B-Strategie (Durchführung)

Dein roter Faden zum Erfolg

Buddies and Brain –

1. Schritt / Tag 1

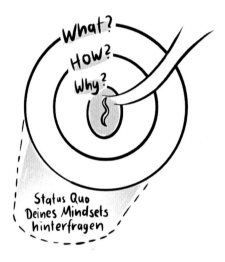

Abb. 16: Status quo

Bevor wir uns im Thema weiter vertiefen, möchte ich kurz innehalten und dich an das erinnern, was wir bereits zu Beginn besprochen haben. Erinnerst du dich an die Bedeutung des „Wofür" und wie es sich von dem „Warum" unterscheidet? Das „Wofür" legt den Fokus auf die Absichten und Ziele, die hinter aktuellen Entscheidungen und Ereignissen stehen. Es hilft uns, die tieferen Motivationen und Antriebe zu verstehen, die unsere Handlungen leiten. In Kapitel 3 haben wir betont, wie wichtig es ist, dein „BOLD WHY" zu kennen – dieses tiefe Verständnis dafür, warum du das tust, was du tust. Es ist der

Treibstoff, der dich antreibt, und der Grund, warum andere sich mit deiner Mission identifizieren und dir folgen möchten.

Aus diesem „BOLD WHY" formt sich das erste grobe Ziel: Dein „Bold Goal". Dieses Ziel ist nicht nur eine flüchtige Idee oder ein Wunsch, sondern eine klare Vision, die aus deinem tiefsten „Warum" entspringt. Es ist das, was du in der Welt bewirken möchtest, und es gibt dir die Richtung und den Antrieb, um es zu erreichen.

Wenn du bisher nicht an dein „BOLD WHY" oder dein „Bold Goal" gedacht hast, ist jetzt der perfekte Zeitpunkt, um zurückzublicken und dich daran zu erinnern. Es wird dir helfen, den Kontext und die Bedeutung dessen, was in den folgenden Kapiteln kommt, besser zu verstehen.

Also, denk daran: Finde dein „Wofür", setze dir ein „Bold Goal" als erstes Ziel und lass es dein Handeln leiten!

In nur fünf Schritten zur Landkarte
Schritt 1:
Vom Ende her denken:
Der erste Schritt zum langfristigen Erfolg

In der Konzeptentwicklung hat sich gezeigt, dass es sinnvoll ist, ein Projekt vom Ende zu betrachten, um das langfristige Ziel festzulegen. Diese Vorgehensweise kann dabei helfen, ein klares Bild von der Zukunft zu bekommen und das Projekt auf den richtigen Weg zu bringen.

Eine Erfolgsgeschichte hierzu ist die Entwicklung des iPhones von Apple. Als das Unternehmen das iPhone entwickelte, hatte es ein klares Ziel vor Augen: ein revolutionäres Smartphone auf den Markt zu bringen. Um dieses Ziel zu erreichen, hat das Unternehmen sich die Funktionen und Features des Endprodukts vorgestellt und dann rückwärts gearbeitet, um diese zu realisieren. Dieses Vorgehen hat dazu geführt, dass das iPhone zu einem der erfolgreichsten Produkte von Apple wurde und den Markt für Smartphones revolutioniert hat.

Indem man also das langfristige Ziel im Auge behält und rückwärts arbeitet, kann man sicherstellen, dass jedes Element des Projekts auf dieses Ziel ausgerichtet ist. Dies kann dazu beitragen, dass das Projekt effektiver und erfolgreicher wird.

Ein langfristiges Ziel ist von entscheidender Bedeutung für den Erfolg eines Projekts oder einer Initiative. Das Festlegen eines solchen Ziels kann jedoch eine Herausforderung darstellen, da es Zeit und Überlegung erfordert. Je nach Komplexität des Projekts kann das Festlegen des Ziels zwischen einer Minute und 25 Minuten dauern.

Es ist wichtig, dass das gesamte Team an der Festlegung des langfristigen Ziels beteiligt ist, da dies sicherstellt, dass alle Mitglieder ein klares Verständnis der gemeinsamen Vision haben. Beginne mit einer Brainstorming-Session, in der alle Mitglieder ihre Ideen teilen können. Schreibe alle Ideen auf, ohne sie zu bewerten oder zu filtern.

Sobald alle Ideen aufgezeichnet sind, beginnst du mit der Gruppierung und Kategorisierung ähnlicher Ideen. Diskutiert die verschiedenen Gruppierungen und wählt schließlich eine aus, die am besten das langfristige Ziel widerspiegelt.

Das Festlegen eines langfristigen Ziels kann manchmal schwierig sein, aber es ist eine wichtige Aufgabe, die den Erfolg des Projekts sicherstellt. Es ist auch ein kontinuierlicher Prozess, der regelmäßig überprüft und angepasst werden sollte, um sicherzustellen, dass es im Einklang mit den sich ändernden Bedürfnissen und Zielen des Projekts bleibt.

Also stellt den TimeTimer auf max. 25 Minuten und legt los!

Schreibe dein langfristiges Ziel, wenn du es hast, auf die rechte Seite des Whiteboards.

Jetzt habt ihr euch eine erste Pause von 5 bis 15 Minuten verdient! Klasse, euer/dein erstes grobes und großes Ziel „BOLD GOAL" ist nun formuliert!

Abb. 17: WKW-Fragen

Deine Sprint-Fragen

Erstelle eine Liste mit Sprint-Fragen. Schreibe auf einem zweiten Whiteboard (wenn du eines hast) deine Sprint-Fragen auf. Wir haben ein paar Vorschläge, wie du dein Team dazu anregen kannst, über Annahmen und Fragen nachzudenken:

- Welche Fragen wollen wir in diesem Sprint beantworten?
- Was muss stimmen, wenn wir unser langfristiges Ziel erreichen wollen?

- Stellen wir uns vor, wir reisen in die Zukunft und unser Projekt ist gescheitert. Was könnten die Ursachen für den Misserfolg sein?

Diese Fragen sollen dir dabei helfen, das langfristige Ziel festzulegen und sicherzustellen, dass alle Schritte im Sprint darauf ausgerichtet sind. Nimm dir Zeit, um diese Fragen sorgfältig zu durchdenken und aufzuzeichnen. Es kann nur eine Minute dauern oder bis zu 25 Minuten, aber es ist eine entscheidende Phase, um sicherzustellen, dass dein Team auf dem richtigen Weg ist.

Wenn du die 25 Minuten verbraucht haben solltest, dann gönne dir und deinem Team nun eine weitere 5- bis 10-minütige Pause.

Schritt 2:
Stakeholder[1] auf der linken Seite, Ziele auf der rechten Seite: So behältst du den Überblick

Um den Erfolg des Sprints zu gewährleisten, müssen wir uns bewusst sein, wer von diesem Sprint betroffen sein wird. Dazu gehört, die Stakeholder zu identifizieren, die das Unternehmen, das Team und das Projekt beeinflussen. Wir empfehlen, eine Liste der Stakeholder

---

1 Ein Stakeholder ist eine Person, Gruppe oder Organisation, die ein direktes oder indirektes Interesse an einem bestimmten Projekt, Unternehmen oder Vorhaben hat. Dieses Interesse kann sich daraus ergeben, dass sie von den Entscheidungen oder Ergebnissen des Projekts oder Unternehmens beeinflusst werden oder diese beeinflussen können. Es gibt interne Stakeholder, wie Mitarbeiter, Manager und Eigentümer, die direkt an den täglichen Aktivitäten und Entscheidungen beteiligt sind. Auf der anderen Seite stehen externe Stakeholder, wie Kunden, Lieferanten, Aktionäre und Regierungsbehörden, die zwar nicht direkt am täglichen Geschäft beteiligt sind, aber dennoch ein bedeutendes Interesse am Unternehmen haben. Für Unternehmen und Projektmanager ist es von entscheidender Bedeutung, ihre Stakeholder zu erkennen und mit ihnen zu kommunizieren, da ihre Meinungen und Bedenken einen erheblichen Einfluss auf den Erfolg oder Misserfolg eines Vorhabens haben können.

auf der linken Seite des Whiteboards zu erstellen. Auf der rechten Seite notieren wir unser langfristiges Ziel, das uns durch den Sprint leiten wird. Diese einfache, aber mächtige Übung hilft uns, den Überblick über die wesentlichen Elemente des Projekts zu behalten und sicherzustellen, dass wir die Bedürfnisse und Erwartungen aller Stakeholder berücksichtigen.

Rückwärtsplanung: Vom Ziel zu den Stakeholdern
Ein bewährtes Konzept in der Konzeptentwicklung ist es, ein Projekt von hinten nach vorne zu betrachten, indem man das langfristige Ziel festlegt und dann den Routenverlauf rückwärts bis zu den Stakeholdern aufzeichnet. Dies ermöglicht es, den Fokus auf das Endziel zu richten und sicherzustellen, dass jeder Schritt auf dem Weg dorthin sinnvoll ist und zum Erfolg beiträgt. Es ist eine Methode, die von Unternehmen jeder Größe und Branche eingesetzt wird und sich als wirksam erwiesen hat.

Ein Beispiel dafür, wie man vom Ziel rückwärts zu den Stakeholdern den Routenverlauf aufzeichnet, ist Apple.

Angenommen, das langfristige Ziel von Apple ist es, dass weltweit führende Unternehmen für innovative Technologieprodukte zu sein. Um dieses Ziel zu erreichen, müssen sie sicherstellen, dass ihre Produkte das Beste auf dem Markt sind und dass sie ihre Kunden zufriedenstellen.

Also, auf der rechten Seite des Whiteboards schreiben wir das Ziel auf: „Das weltweit führende Unternehmen für innovative Technologieprodukte werden."

Als Nächstes identifizieren wir die Stakeholder, die uns auf diesem Weg helfen können, unser Ziel zu erreichen. Auf der linken Seite des

Whiteboards schreiben wir diese Stakeholder auf, wie z. B. Kunden, Mitarbeiter, Investoren und Lieferanten.

Dann können wir den Routenverlauf aufzeichnen, indem wir die Schritte identifizieren, die wir unternehmen müssen, um unser Ziel zu erreichen, und welche Stakeholder dabei eine Rolle spielen.

Zum Beispiel könnte ein Schritt darin bestehen, ein neues Produkt auf den Markt zu bringen. Um dies zu tun, müssen wir die Bedürfnisse unserer Kunden verstehen und sicherstellen, dass unser Produkt ihre Anforderungen erfüllt. Hierbei spielen die Kunden eine wichtige Rolle.

Ein anderer Schritt könnte darin bestehen, Talente anzuwerben und zu halten, um unsere Innovationsfähigkeit zu erhöhen. Hierbei spielen unsere Mitarbeiter eine wichtige Rolle.

Indem wir vom Ziel rückwärts zu den Stakeholdern den Routenverlauf aufzeichnen, können wir sicherstellen, dass wir uns auf die Schritte konzentrieren, die uns wirklich helfen, unser langfristiges Ziel zu erreichen.

Schritt 3:
Wie erstelle ich einen funktionalen Fahrplan?
Tipps zur einfachen und übersichtlichen Darstellung.

Um einen funktionalen Fahrplan zu erstellen, brauchst du kein zeichnerisches Talent oder aufwendige Kunstwerke. Es reicht aus, wenn du Worte, Pfeile und einfache Kästen verwendest, um die einzelnen Schritte miteinander zu verbinden. Wichtig ist dabei, dass du es einfach hältst und dich auf die wesentlichen Schritte beschränkst. Wenn dein Fahrplan mehr als 20 Schritte umfasst, ist er wahrscheinlich zu kompliziert. Indem du den Fahrplan übersichtlich und einfach gestaltest, kann sich dein Team auf das Problem konzentrieren, ohne von konkurrierenden Lösungsansätzen abgelenkt zu werden.

Schritt 4:
Klare Verbindung durch Pfeile und Worte:
Schritte sinnvoll verknüpfen

Um einen klaren und logischen Routenverlauf zu erstellen, verbinde jeden Schritt mit Worten und Pfeilen. Dies hilft dem Team, die Beziehungen und Abhängigkeiten zwischen den Schritten zu verstehen und sicherzustellen, dass der Verlauf sinnvoll und funktional ist. Indem du die Schritte miteinander verbindest, kannst du auch sicherstellen, dass das Team sich auf das Problem konzentrieren kann, ohne von irrelevanten Details abgelenkt zu werden. Vergiss nicht, dass der Routenverlauf einfach und übersichtlich sein sollte, damit das Team sich auf die Lösung konzentrieren kann. Während du den Verlauf erstellst, solltest du auch immer wieder Feedback vom Team einholen, um sicherzustellen, dass der Verlauf verständlich und logisch ist.

Schritt 5:
Feedback einholen für einen korrekten Fahrplan

Wenn du einen Fahrplan erstellst, ist es wichtig, dass du während des Prozesses regelmäßig Feedback einholst. So kannst du sicherstellen, dass dein Plan korrekt ist und das Team in die richtige Richtung führt. Frage immer wieder nach Bestätigung, indem du die Teilnehmer fragst: „Ist der Fahrplan so richtig?"

Durch das regelmäßige Feedback erhältst du eine bessere Vorstellung davon, ob dein Plan klar und verständlich ist. Du kannst auch sicherstellen, dass die Teilnehmer die Schritte verstehen und eventuelle Fragen oder Bedenken frühzeitig ansprechen. So kannst du mögliche Fehler oder Missverständnisse vermeiden und sicherstellen, dass dein Plan effektiv ist.

Wenn du um Feedback bittest, gib den Teilnehmern genügend Zeit, um ihre Gedanken zu sammeln und ihre Meinung zu äußern. Du solltest auch sicherstellen, dass jeder die Möglichkeit hat, seine Meinung zu äußern, so dass alle Aspekte des Plans berücksichtigt werden.

Zusammenfassung: Fünf Schritte zum einfachen Fahrplan
Um einen einfachen und übersichtlichen Fahrplan zu erstellen, solltest du folgende fünf Schritte befolgen:

1. Definiere das Ziel und die Stakeholder: Bevor du mit der Erstellung der Landkarte beginnst, solltest du das Ziel und die beteiligten Stakeholder klar definieren.
2. Arbeite rückwärts: Arbeite rückwärts von deinem Ziel aus, um die Schritte zu identifizieren, die nötig sind, um dorthin zu gelangen.
3. Halte es einfach: Ein guter Fahrplan sollte zwischen fünf und fünfzehn Schritten enthalten. Halte den Fahrplan einfach und übersichtlich, um dich auf das Problem zu konzentrieren.
4. Verbinde die einzelnen Schritte mit Worten und Pfeilen: Nutze einfache Worte, Pfeile und Kästen, um die Schritte auf dem Fahrplan zu verbinden.
5. Hole Feedback ein: Hole während der Erstellung des Fahrplans immer wieder Feedback ein, indem du die Teilnehmer fragst, ob der Fahrplan so richtig ist.

Wenn du glaubst, du bist so weit, dann lade dir Experten ein.

Setze für jedes Gespräch ungefähr dreißig Minuten an, auch wenn du diese wahrscheinlich nicht komplett ausschöpfen wirst. Für das Gespräch selbst verwenden wir einen einfachen Ablauf, um die Dinge in Bewegung zu halten.

1. Stelle den Sprint vor

Wenn der Experte oder die Expertin nicht zum Sprint-Team gehört, erkläre ihm oder ihr, worum es geht.

2. Erkläre die Whiteboards

Erkläre dem Experten oder der Expertin in zwei Minuten dein langfristiges Ziel, die Sprint-Fragen und den Fahrplan.

3. Öffne das Tor

Bitte die Experten, euch alles mitzuteilen, was sie über die Aufgabe wissen.

Das Sprint-Team sollte sich wie eine Gruppe Reporter verhalten, die eine Geschichte recherchieren. Bitte den Experten, sich insbesondere über die Gebiete zu äußern, in denen er über spezielles Fachwissen verfügt. Bitte ihn oder sie auch noch einmal alles mitzuteilen, von dem er oder sie meint, dass du es bereits weißt. Und vor allem bitte ihn oder sie, dir zu sagen, an welcher Stelle du von falschen Voraussetzungen ausgehst.

Kann er oder sie irgendeinen Punkt auf dem Fahrplan feststellen, der unvollständig ist?

Würde er oder sie irgendwelche Sprint-Fragen auf der Liste ergänzen? Welche Chancen sieht er oder sie?

Hier sind vor allem die Formulierungen „Warum?" und „Erzählen Sie mir mehr darüber" hilfreich.

Füge Sprint-Fragen hinzu und ändere deinen Fahrplan, falls nötig, überarbeite sogar dein langfristiges Ziel. Deine Experten sind dazu da, um dir zu sagen, was du am Morgen noch nicht wusstest (oder vergessen hast).

Scheue dich also nicht, die notwendigen Korrekturen vorzunehmen. Deine Experten müssen keine Folienpräsentation vorbereitet haben.

Wenn sie Unterlagen dabei haben, die sie zeigen wollen, ist das in Ordnung, aber eine spontane Diskussion über den Fahrplan und die Zielkunden ist oft effizienter. Diese Notwendigkeit zur Improvisation ist ein wenig anstrengend, bewährt sich aber.

Wenn die Befragten echte Experten sind, werden sie dir Dinge mitteilen, die dir niemals in den Sinn gekommen wären. Deine Experten werden dir jede Menge Informationen liefern. Aber wie kannst du diese Informationen festhalten? Morgen, wenn dein Team Lösungsansätze skizziert, werden viele interessante Einzelheiten schon wieder vergessen sein. Die Whiteboards werden zwar nützlich sein, aber sie reichen nicht aus. Du brauchst zusätzliche Aufzeichnungen.

Wenn du dich fragst, wie du die Notizen deines Teams organisieren und priorisieren kannst, habe ich eine Technik, die dir dabei helfen kann: die „Wie-können-wir-Methode" (WKW). Diese Methode wurde von Procter & Gamble entwickelt und ist ziemlich schnell. Jeder Teilnehmer schreibt jeden Gedanken, Kommentar oder jede Idee auf einen Haftzettel. Am Ende des Tages werden alle Haftnotizen zusammengetragen, organisiert und die Interessantesten ausgewählt. Diese Notizen helfen dir bei der Entscheidung, auf welchen Teil deines Routenplans du dich konzentrieren solltest, und liefern dir am nächsten Tag Ideen für deine Lösungsansätze.

So in etwa sah die ursprüngliche Variante aus:

Die WKW-Methode, entwickelt von Procter & Gamble, ist eine effektive Methode, um Ideen und Informationen aus Expertengesprächen zu sammeln und festzuhalten. WKW steht für „What We Know" (Was wir wissen), „What We Don't Know" (Was wir nicht wissen) und „What's New" (Was ist neu).

Die Methode hilft uns als Team, uns auf das zu konzentrieren, was wir bereits wissen, was uns noch fehlt und was neu gelernt wurde. Die Idee dahinter ist, dass durch die Erfassung von Informationen in diesen drei Kategorien ein umfassendes Bild der Situation entsteht, dass es uns ermöglicht, besser informierte Entscheidungen zu treffen.

Um die WKW-Methode anzuwenden, sollten wir nach einem Expertengespräch oder einer Besprechung eine Tabelle oder ein Whiteboard mit drei Spalten erstellen. In der ersten Spalte notieren wir alles, was wir bereits wissen. In der zweiten Spalte notieren wir, was wir noch nicht wissen oder wo es noch Wissenslücken gibt. In der dritten Spalte notieren wir, was wir neu gelernt haben oder welche neuen Erkenntnisse wir gewonnen haben.

Durch die Verwendung dieser Methode können wir sicherstellen, dass wir die Informationen, die wir aus Gesprächen mit Experten gewonnen haben, auf eine strukturierte und gezielte Weise sammeln und aufzeichnen. Dies hilft unserem Team, fundierte Entscheidungen zu treffen und Lösungsansätze zu entwickeln, die auf einer breiteren Wissensbasis aufbauen.

Insgesamt ist die WKW-Methode eine einfache, aber wirksame Möglichkeit, um sicherzustellen, dass wichtige Informationen aus Expertengesprächen nicht verloren gehen und dass unser Team auf der Grundlage eines umfassenden Wissens arbeiten kann.

Eine für unsere Zwecke angepasste Variante lautet so: „WKW, ganz einfach, so geht's"

Um WKW-Notizen zu erstellen, benötigst du einen Haftzettelblock in Gelb mit den Maßen 10x15 Zentimeter sowie einen breiten schwarzen Whiteboard-Marker. Verwende den breiten Marker auf der kleinen Fläche des Haftzettels, um kurze und leicht lesbare Sätze zu schreiben.

So gehst du vor:

1. Schreibe in die obere linke Ecke des Haftzettels „WKW".
2. Höre der Diskussion aufmerksam zu.
3. Wenn du etwas Interessantes hörst, verwandle den Gedanken in eine WKW-Frage.
4. Notiere die Frage auf dem Zettel.
5. Ziehe den Haftzettel vom Block und lege die Notiz beiseite. Am Ende hast du eine Vielzahl von Haftzetteln mit WKW-Fragen, die organisiert und priorisiert werden können.

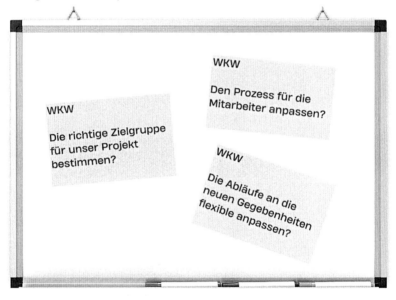

Abb. 18: WKW-Beispielfragen am Whiteboard

Wie du deine WKW-Notizen sortieren kannst: Nach der Expertenbefragung nimmst du alle deine WKW-Notizen und heftest sie an die Wand, ohne sie zu sortieren.

Danach ordnest du sie nach Gruppen. Du kannst WKW-Fragen gruppieren, die sich mit ähnlichen Themen beschäftigen, und sie an der Wand nach Themenbereichen sortieren. Es ist normalerweise unmöglich, die Themen im Voraus zu kennen, da sie während der Diskussionen entstehen.

Es ist hilfreich, die Themen zu benennen und den jeweiligen Themenbereich auf einen neuen Haftzettel zu schreiben, den du oberhalb der Notizengruppe an die Wand klebst. Am Ende kannst du die Notizen priorisieren, indem du eine Abstimmung mit Punkten durchführst. Du gibst jedem Teilnehmer zwei große Klebepunkte und dem Entscheider vier große Klebepunkte, weil seine Meinung etwas mehr Gewicht hat. Dann bittest du alle, ihre Klebepunkte auf die ihrer Meinung nach nützlichsten WKW-Fragen zu kleben.

Nach der Abstimmung entfernst du die WKW-Notizen mit den meisten Klebepunkten von der Wand und klebst sie auf den passenden Platz auf dem Fahrplan.

Hier sind die fünf wichtigsten Punkte zum Sortieren und Priorisieren von WKW-Notizen:

1. Nach Beendigung der Expertenbefragung alle WKW-Notizen an die Wand heften.
2. Notizen nach Gruppen sortieren, die sich durch ähnliche Themenbereiche ergeben haben.
3. Für jede Themen-Notizengruppe einen Haftzettel mit einem Titel schreiben und darüber an die Wand heften.
4. Notizen priorisieren, indem eine Abstimmung mit Klebepunkten durchgeführt wird.
5. Die priorisierten WKW-Notizen auf dem Fahrplan platzieren, um den Weg zum Ziel zu skizzieren.

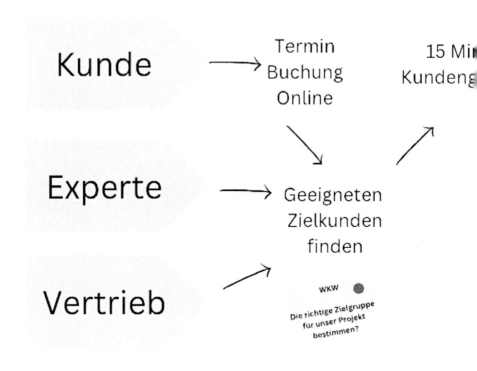

Abb. 19 WKW-Fragen bearbeitet

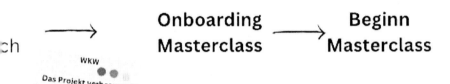

Onboarding Masterclass ⟶ Beginn Masterclass

WKW
Das Projekt verbessern?

WKW
...bläufe an die neuen
...ebenheiten flexible
anpassen?

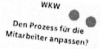

WKW
Den Prozess für die
Mitarbeiter anpassen?

ERFOLGReicher

Nun ist dein erster Fahrplan für den Sprint fertig, aber es ist wichtig, dass du jetzt den Fokuspunkt festlegst, auf den der Fahrplan und die Stakeholder ausgelegt werden sollen. Deine Aufgabe für den ersten Tag besteht darin, ein Ziel für den Sprint zu bestimmen. Identifiziere den wichtigsten Kunden und finde den kritischen Moment in der Kundenerfahrung. Während der restlichen Woche wirst du dich auf dieses Ziel konzentrieren, Lösungen skizzieren, einen Plan erarbeiten und einen Prototyp für die Lösung dieses kritischen Moments erstellen und testen.

Triff eine Entscheidung

Deine Aufgabe ist es nun, das Ziel für deinen Sprint festzulegen. Wähle eine Kunden-Zielgruppe und einen Ansatzpunkt auf dem Fahrplan aus, auf den sich der restliche Sprint konzentrieren soll. Die Lösungsansätze, der Prototyp und der Test werden sich aus der Auswahl des Fokuspunktes ergeben. Bitte den Entscheider, den Fokuspunkt festzulegen. Es ist am einfachsten, wenn der Entscheider ohne lange Diskussionen die endgültige Auswahl trifft, da du bereits den ganzen Tag mit Diskussionen und vorbereitenden Arbeiten verbracht hast.

Wenn der Entscheider sich schwertut, dann mach eine Probeabstimmung.

Eine Option, um den Entscheider bei der Festlegung des Fokuspunktes zu unterstützen, ist eine Probeabstimmung unter den Teammitgliedern. Nachdem der Entscheider die potenziellen Zielgruppen und kritischen Momente auf dem Sprint-Routenplan identifiziert hat, können die Teammitglieder ihre Präferenzen ausdrücken und abstimmen, welche Kombination aus Kunden-Zielgruppe und Ansatzpunkt am vielversprechendsten erscheint.

Durch eine solche Probeabstimmung kann das Team wertvolles Feedback liefern und den Entscheider bei der Entscheidungsfindung unterstützen, ohne dass es zu langwierigen Diskussionen kommt. Der Entscheider kann dann auf dieser Basis eine endgültige Entscheidung treffen und das Team kann sich auf den Fokuspunkt konzentrieren, um die bestmöglichen Lösungen und Prototypen zu entwickeln.

SPRINT FRAGEN

- WERDEN WIR BEI KUNDEN DER MASTERCLASS SPÜRBARE VERÄNDERUNG HERBEIFÜHREN?
- KÖNNEN WIR DIE RICHTIGEN KUNDEN FÜR DIE MASTERCLASS FINDEN?

GOLD GOAL: STEIGERUNG DER KUNDENZUFRIEDENHEIT UND PRODUKTVERKÄUFE

Abb. 20: Sprint-Fragen

Damit ist der erste Schritt bzw. der erste Tag beendet und du hast ein langfristiges Ziel identifiziert und die Fragen bestimmt, die du beantworten musst, um dieses Ziel zu erreichen. Du hast einen Sprint-Fahrplan erstellt und einen Fokuspunkt festgelegt. Alle Teammitglieder verfügen über dieselben Informationen und haben die Ziele des Sprint verstanden. Schlaft euch aus und am nächsten Tag geht es darum, mögliche Lösungen zu entwickeln!

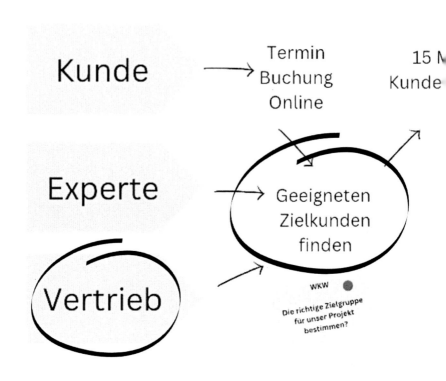

Abb. 21: Die erste Zielcollage mit Entscheidungsfindung

Onboarding ⟶ Beginn
Masterclass   Masterclass

WKW
Das Projekt verbessern?

WKW
ie Abläufe an die neuen
Gegebenheiten flexible
anpassen?

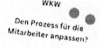

WKW
Den Prozess für die
Mitarbeiter anpassen?

**Buddies and Brain
2. Schritt / Tag 2**

**Neu kombinieren und verbessern:
Lösungsansätze erarbeiten im Sprint**

Eine Technik, die oft von Unternehmen wie Apple genutzt wird, um aus bestehenden bekannten Produkten etwas Besseres zu machen, ist die sogenannte „Neu-Kombination" oder „Re-Kombination". Diese Technik beinhaltet die Kombination von bereits vorhandenen Technologien oder Funktionen, um ein neues Produkt oder eine neue Dienstleistung zu schaffen.

Apple hat dies beispielsweise mit dem iPhone getan, indem es bestehende Technologien wie den Touchscreen, den iPod und das Internet in einem einzigen Gerät kombiniert hat. Durch diese Neu-Kombination wurde ein völlig neues Produkt geschaffen, das nicht nur ein Mobiltelefon, sondern auch ein Musik-Player und ein Internet-Browser war.

Dieser Ansatz kann auch auf andere Branchen angewendet werden. Ein Beispiel ist der Car-Sharing-Dienst Zipcar, der die vorhandenen Technologien des Internets, der GPS-Ortung und der drahtlosen Kommunikation genutzt hat, um eine bequemere und effizientere Möglichkeit des Autoteilens zu schaffen.

Die Neu-Kombination kann auch dazu beitragen, bestehende Produkte oder Dienstleistungen zu verbessern. Zum Beispiel könnte ein Unternehmen, das bereits ein erfolgreiches Produkt hat, durch die Integration einer neuen Funktion oder Technologie die Benutzererfahrung verbessern und die Kundenbindung stärken.

Insgesamt bietet die Neu-Kombination eine kreative Möglichkeit, vorhandene Ressourcen zu nutzen und gleichzeitig Innovationen zu fördern, um neue und verbesserte Produkte und Dienstleistungen zu schaffen.

Jetzt kommt dir der bekannte Kreis aus den einzelnen Bs der Strategie wieder entgegen. Wenn du Ideen für den Sprint in deinem Unternehmen suchst, kann ich dir eine Methode empfehlen, die ich den „Sprint-Blitz" nenne.

Die Methode besteht aus drei Schritten:

1. Schreibe dir bekannte Ideen auf, die du bereits kennst und die in deinem Unternehmen funktionieren könnten.

2. Schreibe im zweiten Kreis bekannte Business-Ideen anderer Unternehmen auf, die du als Inspiration verwenden könntest. Dies kann dir helfen, neue Perspektiven zu gewinnen und innovative Ideen zu generieren.

3. Suche im Internet oder in Zeitschriften nach unbekannten Ideen und schreibe sie in den dritten Kreis oder in deine 3-Punkte-Matrix. So bekommst du frische Ideen von außerhalb deiner Branche und kannst sie auf dein Unternehmen anwenden.

Durch die Kombination von bekannten, bewährten Ideen und neuen, innovativen Ideen kannst du eine einzigartige und erfolgreiche Strategie für den Sprint in deinem Unternehmen entwickeln. Der Sprint-Blitz ist eine schnelle und effektive Methode, um Ideen zu sammeln und den Prozess des Sprints zu beschleunigen.

Bitte plane für jeden Schritt zehn Minuten ein und stelle einen Timer dafür ein. Nach jedem Schritt soll jeder Teilnehmer seine Ergebnisse blitzartig in drei Minuten präsentieren. Wiederholt das Ganze für alle drei Schritte, bis ihr durch seid.

Abb. 22: Branchenvergleich

Halte gute Ideen fest, indem du während der Drei-Minuten-Blitzdemos jedes Teilnehmers Notizen machst. Du kannst dich nicht auf das Kurzzeitgedächtnis verlassen, um alle Ideen zu behalten. Notiere gute Ideen auf dem Whiteboard, damit sie nicht verlorengehen. Am Anfang jeder Demo fragst du den Teilnehmer: „Welche gute Idee verbirgt sich hier, die uns nützlich sein könnte?" Indem du diese Frage stellst, fängst du wertvolle Ideen ein, die sonst möglicherweise übersehen werden. So kannst du sicherstellen, dass du alle guten Ideen festhälst und später darauf zurückgreifen kannst.

Denke daran, dass die Ideen für den Sprint-Blitz nicht nur verbal präsentiert werden können. Es ist auch eine großartige Idee, sie aufzuzeichnen oder zu zeichnen. Wenn jemand eine Idee hat, die sich besser in einer Skizze oder einem Diagramm darstellen lässt, dann lass es ihn einfach zeichnen! So kann das Team die Idee besser verstehen und es kann auch als Ausgangspunkt für weitere Diskussionen dienen. Also zögere nicht, ein Stift und ein Blatt Papier bereitzuhalten, um gute Ideen festzuhalten, egal in welcher Form sie präsentiert werden.

Am Ende des Sprint-Blitzes solltest du zehn bis zwanzig Ideen auf dem Whiteboard haben. Auf diese Weise werden die besten Inspirationen aller Teilnehmer erfasst. Die Liste sollte übersichtlich genug sein, damit du und dein Team bei der Erarbeitung von Lösungsansätzen nicht überfordert seid. Beachte, dass die meisten Ideen am Ende zu nichts führen werden, aber ein oder zwei Ideen könnten euch zu einer großartigen Lösung inspirieren. Wenn ihr genau genug hinschaut, werdet ihr euer Löschpapier finden.

Kombiniere die Ideen, die du auf dem Fahrplan vom ersten Tag erfasst hast, mit deinen Sprint-Fragen und deinen WKW-Notizen, um einen ganzen Schatz an Rohmaterial zu erhalten. Am Nachmittag werdet ihr dieses Rohmaterial zu Lösungen machen. Bevor ihr jedoch startet, müsst ihr schnell festlegen, wie ihr vorgehen wollt. Wollt ihr euch als Team aufteilen, um die verschiedenen Aspekte des Problems zu bearbeiten?

Wenn du dich auf mehrere Einzelpunkte konzentrieren möchtest, solltest du das Team aufteilen. Bitte jeden Teilnehmer, den Aspekt des Problems zu notieren, den er oder sie am interessantesten findet. Dann notiere neben jedem Prozessschritt die Namen der Teilnehmer, die sich mit diesem Aspekt befassen wollen. Wenn zu viele Teilnehmer am selben Problem arbeiten wollen und andere Probleme nicht genügend Teilnehmer finden, bitte um Freiwillige, die bereit sind, zu wechseln. Sobald jeder weiß, an welchem Problem er arbeiten wird, ist es Zeit für eine Mittagspause. Du brauchst Energie für den Nachmittag, da du nach all den Vorbereitungen nun endlich die Chance erhalten hast, Lösungsansätze zu skizzieren.

Denke über mögliche Varianten nach und nimm dir dann die Zeit, eine detaillierte Lösung zu entwickeln. Dies ist außerdem am effektivsten, wenn man unter dem Druck knapper Fristen arbeitet.

Abb. 23: „Die verrückten 8"

Die Lösungsskizze in vier Schritten beinhaltet jedes dieser wichtigen Elemente. Du beginnst mit einer 20-minütigen Vorbereitungsphase, indem du die Ziele, Chancen und Inspirationen notierst, die du aus den Sprint-Sitzungen aufgefangen hast. Dann hast du weitere 20 Minuten, um grobe Lösungsansätze zu skizzieren. Anschließend erkundest du alternative Ideen, über die du Kurzskizzen erstellst – diese heißen auch die „Verrückten 8". Und schließlich nimmst du dir 30 Minuten oder mehr, um deine abschließende Lösungsskizze zu erstellen – ein einziges, gut durchdachtes Konzept mit allen Einzelheiten.

Die Lösungsskizzierung in vier Schritten ist eine Methode, die dir helfen kann, deine kreativen Ideen effektiv zu strukturieren und zu organisieren.

Diese erfolgt in vier Schritten:

1. **Vorbereitungsphase** (20 Minuten): In dieser Phase notierst du alle Ziele, Chancen und Inspirationen, die du aus den bisherigen Sitzungen aufgefangen hast. Diese Schritte helfen dir, dich auf das Problem und die Lösungsfindung zu konzentrieren.

2. **Grobe Skizzierung** (20 Minuten): Hier beginnst du damit, grobe Skizzen deiner Lösungsansätze auf Papier zu zeichnen. Wichtig ist, dass du in dieser Phase nur schnell und unkompliziert skizzierst, um möglichst viele Optionen zu erfassen.

3. **Erkunden alternativer Ideen** (8 Minuten): In dieser Phase fordere ich dich auf, acht schnelle Skizzen von alternativen Ideen zu erstellen. Man nennt diese die „Verrückten 8". Es geht darum, ungewöhnliche, unerwartete und kreative Ideen zu sammeln.

4. **Abschließende Lösungsskizze** (30 Minuten oder mehr): Schließlich solltest du eine einzige, gut durchdachte Lösungsskizze erstellen, die alle Details deiner Idee enthält. In dieser Phase solltest du die beste Lösungsidee auswählen und die Skizze verbessern, indem du so viele Details wie möglich einarbeitest.

Zusammenfassend kann ich sagen, dass die vier Schritte der Lösungsskizzierungsmethode Folgendes umfassen: Vorbereitung, grobe Skizzierung, das Erkunden alternativer Ideen und die abschließende Lösungsskizze. Diese Methode kann dabei helfen, deine Ideen effektiver zu strukturieren und deine Arbeit zu verbessern.

1. Notizen: Stelle den TimeTimer auf 20 Minuten

Notizen: Dieser erste Schritt ist supereinfach. Du und dein Team werdet durch den Raum gehen, die Whiteboards betrachten und euch Notizen machen. Diese Notizen sind die „Hitliste" aus den vergangenen 24 Stunden des Sprints. Sie dienen dazu, euer Gedächtnis aufzufrischen, bevor ihr euch auf eine Lösung festlegt.

Um weitere Ideen zu sammeln, könnt ihr auch das Internet zurate ziehen. Nutzt eure Notebooks, Mobiltelefone oder Tablets, um gezielt nach Informationen zu suchen, die euch bei der Lösungsfindung unterstützen könnten. Es gibt viele Ressourcen online, die euch helfen können, neue Perspektiven zu entdecken oder Inspiration zu finden.

Natürlich solltet ihr darauf achten, dass ihr euch nicht in zu viele Details verliert und dass ihr euch auf die relevanten Informationen konzentriert. Wenn ihr eine interessante Quelle gefunden habt, könnt ihr sie gemeinsam im Team besprechen und diskutieren, wie ihr die Informationen in eurem Projekt verwenden könnt.

2. Ideenfindung: Stelle den TimeTimer wieder auf 20 Minuten

Beim zweiten Schritt geht es um die Ideenfindung. Jeder sollte nun anhand der Notizen eine grobe Kurzskizze erstellen, die mögliche Lösungsansätze darstellt. Hierbei ist es völlig in Ordnung, wenn die Ideen ungeordnet oder unvollständig sind. Diese Kurzskizzen sollten aus Kritzeleien, Beispielüberschriften, Diagrammen oder Strichmännchen bestehen, die der Idee Form und Gestalt verleihen. Dabei gibt es keine falsche Vorgehensweise. Wichtig ist nur, dass jeder von uns denkt und das Ergebnis seiner Denkleistung auf Papier bringt.

3. „Die verrückten 8": Stelle den TimeTimer auf 8×1 Minute

Jetzt kommt eine schnelle Übung, bei der wir wie Picasso und die großen Architekten arbeiten. Nimm deine besten Ideen und skizziere in acht Minuten acht Varianten. Die „Verrückten 8" zwingen uns, ein wenig über die ersten vernünftigen Lösungsansätze hinauszudenken und sie zu verbessern oder zumindest Alternativen zu erwägen. Und nicht, dass du dir eine falsche Vorstellung machst – „verrückt" bezieht sich auf das Tempo, nicht auf die Ideen an sich. Vergiss den Ratschlag für traditionelle Brainstormings, auch abgedrehte Ideen zu äußern. Wir wollen uns auf gute Ideen konzentrieren – Ideen, von denen du glaubst, dass sie funktionieren und uns dabei helfen, unsere Ziele zu erreichen – und die „Verrückten 8" zur Verbesserung und Ergänzung unserer guten Ideen nutzen. Nimm ein Blatt Papier und falte es mehrmals hälftig, sodass die Knicke des aufgefalteten Papiers acht Abschnitte bilden. Stelle eine Stoppuhr auf 60 Sekunden, drücke „Start" und beginne mit der ersten Skizze. Für jeden Kurzentwurf stehen dir 60 Sekunden zur Verfügung; insgesamt sind es acht Minuten für acht Miniskizzen. Skizziere schnell und nur die groben Umrisse. Das Ganze kann ungeordnet wirken, es wird niemand anderes sehen als du selbst.

Manchmal kann es passieren, dass die „Verrückten 8" zu einer Offenbarung führen und mehrere neue Wege aufzeigen, um eine Idee zu verbessern. Es kann aber auch vorkommen, dass sie wenig produktiv sind und die erste Idee tatsächlich die beste war. Trotzdem ist es hilfreich, über Alternativen nachzudenken. Die „Verrückten 8" sind auch eine großartige Aufwärmübung für die eigentliche Lösungsskizzierung.

4. Die Lösungsskizze: Stelle den TimeTimer auf 30 Minuten

In diesem Schritt geht es darum, die beste Idee jedes Teilnehmers in Form einer detaillierten Lösungsskizze zu präsentieren. Diese Skizze soll alle relevanten Details enthalten und leicht verständlich sein. Es wird empfohlen, ein dreiteiliges Storyboard-Format zu verwenden, um die Kundenerfahrung in bewegten Bildern darzustellen. Kunden sollen durch die Lösung navigieren können, als ob sie Schauspieler in einem Film wären. In Ausnahmefällen kann auch ein anderes Format verwendet werden, beispielsweise wenn der Fokus nur auf einem Aspekt der Kundenerfahrung liegt. Die Lösungsskizzen werden nicht nur präsentiert, sondern vom gesamten Team beurteilt.

1. Achte darauf, dass deine Skizze selbsterklärend ist, wenn du sie am Morgen des dritten Tages an die Wand heftest, damit alle sie sehen können. Betrachte sie als ersten Test für deine Idee. Wenn niemand sie in Skizzenform versteht, wird sie wahrscheinlich auch nicht verständlicher, wenn sie ausführlich dargestellt wird.

2. Schreib nicht deinen Namen auf die Skizze und achte darauf, dass alle das gleiche Papier und die gleichen Stifte verwenden. Am dritten Tag, wenn ihr die Skizzen aller Teilnehmer beurteilt, macht es die Anonymität viel leichter, die Ideen zu kritisieren und die beste auszuwählen.

3. Du musst kein Künstler sein: Deine Skizze muss nicht aufwendig und künstlerisch ansprechend sein. Kästen, Strichmännchen und Text reichen aus, solange sie detailliert, durchdacht und vollständig sind. Versuche so ordentlich und genau wie möglich zu sein, aber mach dir keine Gedanken, wenn es kein künstlerisches Gesamtkunstwerk ist. Wichtig ist, dass deine Idee klar und verständlich dargestellt wird.

4. Achte darauf, dass deine Formulierungen klar und verständlich sind. Wir haben Sprints mit Start-ups aus verschiedenen Branchen durchgeführt und unabhängig von der Branche ist es wichtig, gut schreiben zu können, besonders in Bereichen wie Software und Marketing, in denen Worte den größten Teil der Bildschirmfläche ausfüllen. Aber letztendlich ist es in jeder Branche wichtig, die richtigen Worte zu finden. Vermeide also Fachbegriffe und Symbole, die für Verwirrung sorgen könnten. Der Text in deiner Skizze trägt viel zur Verständlichkeit deiner Idee bei, also schreibe ihn klar und lebendig.

5. Eine aufmerksamkeitsstarke Überschrift kann helfen, die Aufmerksamkeit auf deine Idee zu lenken und sich später besser an deine Skizze zu erinnern. Überlege dir einen prägnanten und aussagekräftigen Titel, der die Essenz deiner Idee einfängt.

Dies ist eine Version derselben Lösungsskizze, die auf eine einzige Seite passt. Anstatt eines Storyboards bildet die gesamte Seite eine Bildschirmansicht im Detail ab.

Du bist verantwortlich für die Erstellung einer einzigen Lösungsskizze. Wenn du dich inspiriert fühlst, mehrere Skizzen zu erstellen, ist das in Ordnung, aber übertreibe es nicht. Jede zusätzliche Skizze bedeutet am dritten Tag mehr Arbeit bei der Beurteilung und Auswahl. Und nicht nur das: Ich habe die Erfahrung gemacht, dass die erste Runde an Skizzen meistens die besten Lösungsansätze hervorbringt und dass die Qualität abnimmt, wenn mehr als zehn bis zwölf Skizzen erstellt werden. Dreißig Minuten sollten ausreichen, damit du eine Lösungsskizze erstellen kannst.

Sobald du fertig bist, lege deine Lösungsskizze auf einen Stapel, aber widerstehe der Versuchung, sie anzusehen. Du kannst nur einmal einen ersten Blick auf die Skizzen werfen, und das tust du mit frischem Blick am dritten Tag.

Auswahl der fünf Interviewgäste für den letzten Tag

Jetzt ist es an der Zeit, dass du eine Auswahl an Interviewpartnern triffst, um mehr über deine Zielgruppe zu erfahren. Eine gute Möglichkeit, passende Menschen zu finden, ist über Social Media. Dort kannst du einen Aufruf starten und einen Fragebogen über Google Forms teilen, um die passenden Personen ausfindig zu machen.

Es ist wichtig, dass du dich auf genau fünf Personen beschränkst, um den Fokus zu wahren und genug Zeit für jeden Interviewpartner zu haben. Überlege dir im Vorfeld, welche Kriterien deine Zielgruppe erfüllen soll und erstelle den Fragebogen entsprechend.

Nachdem du genügend Teilnehmer gefunden hast, kannst du mit den Interviews starten. Nimm dir ausreichend Zeit, um alle Fragen zu stellen und die Antworten sorgfältig zu dokumentieren. Diese Interviews werden dir helfen, deine Zielgruppe besser zu verstehen und dein Produkt oder deine Dienstleistung darauf abzustimmen.

Wenn du eine Zielgruppe untersuchst, ist es wichtig, eine ausreichend große Stichprobe zu haben, um repräsentative Ergebnisse zu erzielen. Aber wenn du zu viele Personen interviewst, kann es schwierig werden, Muster zu erkennen und Zusammenfassungen zu ziehen. Aus diesem Grund ist es oft am besten, eine begrenzte Anzahl von Personen zu interviewen.

Warum fünf Personen? Es gibt keine magische Zahl, die für jedes Projekt funktioniert, aber „fünf" ist oft eine gute Wahl. Mit fünf Personen erhältst du genug Daten, um Gemeinsamkeiten und Unterschiede zwischen den Teilnehmern zu erkennen. Gleichzeitig sind es nicht so viele, dass du den Überblick verlierst oder dich überwältigt fühlst.

Wenn du nur vier Personen interviewst, kann es schwieriger sein, Muster zu erkennen, da du keine ausgeglichene Stichprobe hast. Mit fünf Personen erhältst du jedoch eine gute Mischung aus Perspektiven. Auf der anderen Seite kann es schwieriger werden, die Daten von sechs oder mehr Personen zu analysieren und Zusammenfassungen zu ziehen, da die Ergebnisse zu stark verwässert werden können.

Letztendlich hängt die Anzahl der Interviews, die du durchführst, von deinem Ziel ab. Wenn du jedoch eine ausgewogene Stichprobe haben und genug Daten für fundierte Schlüsse sammeln möchtest, kann die Auswahl von fünf Personen ein guter Ausgangspunkt sein.

Es ist durchaus sinnvoll, den Interviewern einen Anreiz zu bieten, um ihre Teilnahme zu fördern. Ein Gutschein für Amazon oder eine ähnliche Belohnung kann dazu beitragen, dass die Interviewer motivierter sind und sich mehr Zeit für die Befragung nehmen. Dies kann insbesondere hilfreich sein, wenn man Schwierigkeiten hat, genügend Teilnehmer zu finden.

Allerdings gibt es auch Nachteile bei der Verwendung von Anreizen. Zum einen kann es sein, dass man eine nicht repräsentative Stichprobe erhält, da sich nur Personen beteiligen, die an dem Anreiz interessiert sind. Zum anderen kann es vorkommen, dass die Interviewer ihre Antworten in einer bestimmten Weise beeinflussen, um den Gutschein zu erhalten. Man sollte also vorsichtig sein und sicherstellen, dass die Anreize angemessen und transparent sind.

Es ist jedoch wichtig zu beachten, dass die besten Ergebnisse erzielt werden, wenn die Teilnehmer bereit sind, ihre wahren Erfahrungen und Meinungen zu teilen. Wenn man sich bemüht, den Interviewprozess so benutzerfreundlich und informativ wie möglich zu gestalten, sollte dies ausreichen, um Teilnehmer zu gewinnen und aussagekräftige Ergebnisse zu erzielen.

Buddies, Brain and Body
3. Schritt / Tag 3
Tag der Entscheidung / Welcher Prototyp wird entwickelt und gebaut?

Jetzt geht es um die Wurst! Aber wie bekommt jeder ein Stimmrecht?

Ein Brainstorming kann eine tolle Methode sein, um Ideen zu sammeln, aber es ist oft keine gute Entscheidungsgrundlage. Hier ist eine kleine Geschichte, die das verdeutlicht:

Stell dir vor, du bist mit einer Gruppe von Freunden in einem Restaurant und ihr müsst entscheiden, was ihr bestellen wollt. Jeder wirft Ideen in den Raum und ihr sammelt sie auf einem Blatt Papier. Aber am Ende habt ihr eine Liste mit 20 verschiedenen Gerichten und niemand kann sich einigen.

Ein Brainstorming hat euch geholfen, viele Ideen zu sammeln, aber es hat euch nicht geholfen, eine Entscheidung zu treffen. Was ihr stattdessen gebraucht hättet, wäre eine Methode gewesen, um die verschiedenen Gerichte zu vergleichen und eine fundierte Entscheidung zu treffen.

Dies führt oft dazu, dass die Ideen der lauten und extrovertierten Teilnehmer bevorzugt werden und die Ideen der leiseren und introvertierteren Teilnehmer untergehen. Das kann zu einer Verzerrung des Ergebnisses und einer einseitigen Entscheidungsgrundlage führen.

In der Geschichte des Brainstormings war es beispielsweise so, dass die Idee des „Post-it"-Zettels fast verworfen wurde, weil sie von einem introvertierten Mitarbeiter vorgeschlagen wurde, der Schwierigkeiten hatte, seine Idee lautstark und selbstbewusst zu präsentieren. Zum Glück konnte ein anderer Kollege seine Idee unterstützen und so wurde der „Post-it" schließlich geboren.

Deshalb ist es wichtig, dass bei einem Brainstorming alle Teilnehmer die gleiche Möglichkeit haben, ihre Ideen zu präsentieren und dass die Ideen objektiv bewertet werden, unabhängig davon, wer sie vorgeschlagen hat. Es kann auch hilfreich sein, ein moderiertes Brainstorming durchzuführen, bei dem ein neutraler Moderator sicherstellt, dass alle Stimmen gehört werden und dass die Diskussionen konstruktiv bleiben.

Grenzen der Entscheidung:
Wie man den optimalen Entscheidungsprozess
für agiles Arbeiten findet

Jahrelang haben Entwickler agiler Methoden daran gearbeitet, den Entscheidungsprozess zu optimieren und möglichst effizient zu gestalten. Schließlich haben sie einen fünfstufigen Prozess entwickelt, der sich bewährt hat, und in jedem Schritt wird etwas geklebt. Es ist eine bewährte Methode, die von zahlreichen Teams erfolgreich angewendet wird, um in kurzer Zeit wichtige Entscheidungen zu treffen und das beste Ergebnis zu erzielen.

1. **Kunstgalerie:** Klebe die Lösungsskizzen mit Abdeckklebeband an die Wand
2. **Heatmap:** Betrachte still alle Lösungsvorschläge und verwende Klebepunkte, um die interessantesten Elemente hervorzuheben
3. **Kurzkritik:** Diskutiere schnell die Highlights jeder Lösung und notiere herausragende Ideen auf Haftzetteln
4. **Probeabstimmung:** Wähle eine Lösung aus und gib deine Stimme mithilfe eines Klebepunkts ab
5 **Abschließende Abstimmung:** Der Entscheider trifft die abschließende Entscheidung mit einem Klebepunkt

Die Kleberei ist keine Spielerei, sondern ein wichtiger Bestandteil unseres Entscheidungsprozesses. Mit den Klebepunkten können wir uns schnell eine Meinung bilden und unsere Präferenzen ausdrücken, ohne stundenlange Diskussionen zu führen. Die Haftzettel ermöglichen es uns, wichtige Ideen und Anmerkungen festzuhalten, ohne dass wir uns alles merken müssen.

In den nächsten Schritten werde ich dir zeigen, wie du mithilfe dieser Methoden schnell und effektiv Entscheidungen treffen kannst.

Also, los gehts!

1. Kreativ entscheiden:
Schritt für Schritt zur Lösung mit Klebezetteln und Wandgalerie

Wenn du am dritten Tag mit dem Entscheidungsprozess beginnst, ist der erste Schritt einfach: Hänge die Lösungsskizzen an die Wand, als ob sie in einer Kunstgalerie ausgestellt wären. Wir wollen, dass du und dein Team jede Skizze in Ruhe betrachten können, ohne dass ihr euch gegenseitig den Blick verstellen müsst. Diese Anordnung ermöglicht es euch, die Skizzen in chronologischer Reihenfolge zu betrachten, gemäß dem Storyboard. Klebe dazu die Skizzen mit Abdeckklebeband an die Wand und bilde so eine lange Reihe wie in einem Museum oder einer Galerie.

Abb. 24: Fertige Lösungsskizzen

Natürlich möchtest du sicherstellen, dass jeder Teilnehmer die gleiche Chance hat, seine Lösung zu präsentieren und zu argumentieren. Aber ehrlich gesagt, solltest du darauf verzichten. Die Erklärung der Ideen hat nämlich diverse Nachteile. Wenn jemand seine Lösung überzeugend darstellt oder einfach charismatischer ist als ein anderer Teilnehmer, wird das unweigerlich deine Meinung beeinflussen. Wenn du die Idee mit ihrem Schöpfer assoziierst, bist du voreingenommen. Allein die Tatsache, dass du erfährst, worum es bei der Lösung geht, wird deine Meinung beeinflussen.

Für die Ersteller der Lösungsvorschläge ist es einfach, Argumente für mittelmäßige Lösungsvorschläge zu finden oder für verwirrende Ideen großartige Erklärungen zu finden. In der echten Welt werden diese Urheber aber nicht da sein, um Erklärungen zu liefern. In der echten Welt müssen die Ideen ohne Erläuterungen funktionieren. Wenn sie aber schon für die Experten in einem Sprint verwirrend sind, ist die Gefahr groß, dass sie auch für Kunden verwirrend sind.

2. Heatmap

Das Stecknadel-Prinzip sorgt dafür, dass du einen ersten, unvoreingenommenen Blick auf die Lösungsskizzen erhältst. Bevor das Team mit der stillen Prüfung beginnt, gibst du jedem Teilnehmer eine Handvoll Klebepunkte (zwischen 15 und 25 pro Teilnehmer). Anschließend befolgt jeder Teilnehmer diese Schritte:

1. Schweige
2. Betrachte eine Lösungsskizze
3. Klebe Klebepunkte neben die Elemente, die dich überzeugen (wenn es welche gibt)
4. Klebe zwei oder drei Punkte neben die spannendsten Ideen

5. Wenn du Zweifel oder Fragen hast, schreibe sie auf einen Haftzettel und klebe ihn unter die Lösungsskizze

6. Gehe zur nächsten Lösungsskizze und wiederhole den Prozess

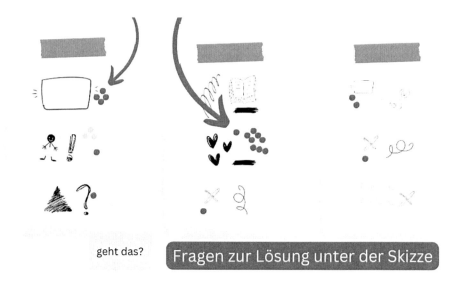

Abb. 25: Abgestimmte Ideen der fertigen Lösungsskizzen (Heatmap)

Es gibt keine Beschränkungen oder Regeln für die Klebepunkte. Wenn du Punkte auf deine eigene Lösung kleben möchtest, kannst du das tun. Wenn dir die Punkte ausgehen, geben wir dir mehr.

Zusammen erzeugen alle Klebepunkte eine sogenannte Landkarte auf den Lösungsskizzen. Die Landkarte macht deutlich, welche Ideen die Gruppe überzeugend findet. Ähnlich einer Wetterkarte handelt es sich um eine Form der Darstellung von Intensitäten mithilfe verschiedener Farben oder Farbabstufungen. Die Landkarte entsteht auf ganz einfache Weise, aber wie du auf den folgenden Seiten sehen wirst, ist sie die Grundlage für die große Entscheidung.

Dieser Prozess ist kurz und erfordert, dass du alle Skizzen im Kurzzeitgedächtnis behältst. Da die Menge der Klebepunkte unbegrenzt ist, müssen du und dein Team nicht viel Energie damit verschwenden, zu entscheiden, wie die Punkte verteilt werden sollen. Die Landkarte ist ein praktisches Werkzeug, um herausragende Ideen zu markieren und dein Gehirn auf eine Entscheidung vorzubereiten. Allerdings hat die Landkarte auch ihre Grenzen. Sie kann dir nicht sagen, warum den Teilnehmern eine Idee gefällt, und wenn du die Absichten des Urhebers einer Skizze nicht verstehst, kann dir die Landkarte auch nicht weiterhelfen. Um mehr darüber zu erfahren, musst du die Skizzen mit dem Team besprechen. Natürlich bedeutet das, dass ihr laut miteinander sprechen müsst.

Wenn du Dinge laut aussprichst, ist das oft riskant. Wir Menschen sind soziale Wesen und wenn wir anfangen zu diskutieren und zu debattieren, kann das viel Zeit in Anspruch nehmen. Das könnte das Kurzzeitgedächtnis der Teilnehmer überlasten und wertvolle Sprint-Zeit verschwenden. Doch im nächsten Schritt wird dein Team laut sprechen, aber sich dabei an eine bestimmte Struktur halten.

3. Kurzkritik – Ideenanalyse in Meetings: Schritt-für-Schritt-Anleitung für effektive Diskussionen und Entscheidungsfindung

Okay, lass uns zur Kurzkritik übergehen. In diesem Schritt werdet ihr gemeinsam jede einzelne Lösungsskizze besprechen und besonders gute Ideen notieren. Dabei werdet ihr einer Struktur und einer Zeitvorgabe folgen. Es kann am Anfang etwas ungewohnt und schnell sein und es könnte schwierig sein, alle Schritte einzuhalten, aber keine Sorge, sobald ihr mit dem Prozess vertraut seid, werdet ihr ein wirksames Instrument zur Ideenanalyse haben, dass ihr vielleicht auch in anderen Meetings verwenden werdet.

Während der Kurzkritik wird der Moderator voll beschäftigt sein, deshalb braucht ihr einen Freiwilligen, der als Protokollführer fungiert. Während ihr euch die Skizzen an der Wand anschaut, wird der Protokollführer besonders gute Ideen auf Haftzetteln notieren. Diese Notizen dienen dazu, ein gemeinsames Vokabular zur Beschreibung der Lösungen zu schaffen, damit sich jeder Teilnehmer gehört fühlt und die Diskussion beschleunigt wird. Sie helfen auch dabei, die Beobachtungen des Teams zu strukturieren, was die Platzierung der Stimmen im folgenden Schritt vereinfacht.

Also versammelt euch vor einer Lösungsskizze und lasst uns mit der Kurzkritik beginnen.

Und so funktioniert die Kurzkritik:

1. Versammelt euch vor einer Lösungsskizze.
2. Stelle die Stoppuhr auf drei Minuten.
3. Präsentiere die Skizze (z.B. „Hier sieht es so aus, als würde der Kunde ein Video anklicken und anschließend zur Seite mit den Details weiterklicken ...")
4. Benenne die Ideen, die besonders viele Zustimmungen bekommen haben (z.B. „Viele Punkte neben dem animierten Video")
5. Nenne als Team besonders gute Ideen, die bisher nicht erwähnt wurden.
6. Notiere die besonders guten Ideen auf Haftzetteln und klebe sie über die entsprechenden Skizzen. Gib jeder Skizze einen einfachen Namen, z.B. „Video" oder „Anmeldung".
7. Gehe Zweifel und Fragen durch.

8. Der Ersteller der Skizze bleibt still, bis er am Ende aufgefordert wird, sich zu melden (z.B. „Wer hat diese Skizze erstellt? Sag uns, was wir übersehen haben!")

9. Der Ersteller erklärt, was das Team eventuell übersehen hat, und beantwortet Fragen.

10. Gehe zur nächsten Skizze über und wiederhole den gesamten Vorgang.

Auch wenn es zunächst ungewohnt erscheinen mag: Der Ersteller der Lösungsansatzes, der gerade besprochen wird, bleibt bis zum Ende der Kritik still. Diese ungewöhnliche Vorgehensweise spart Zeit, vermeidet Wiederholungen und ermöglicht eine ehrliche Diskussion. (Wenn der Ersteller für seine Idee wirbt, wird es für das übrige Team schwieriger, kritisch oder ablehnend zu reagieren.)

Versuche, jede Begutachtung auf drei Minuten zu begrenzen, aber bleibe flexibel. Wenn eine Skizze viele gute Ideen enthält, nimm dir ruhig ein paar Minuten mehr Zeit, um alle zu erfassen. Wenn eine Skizze dagegen nur wenige Zustimmungen erhält und der Urheber keine überzeugende Erklärung bietet, tue allen einen Gefallen und gehe schnell zur nächsten Skizze über. Niemand hat etwas davon, wenn eine Skizze zu lange diskutiert wird.

Denke daran, dass du mit der Kurzkritik nur versuchst, eine Liste an vielversprechenden Ideen zu erstellen. Du musst nicht darüber diskutieren, ob ein bestimmtes Element in den Prototyp integriert werden soll; das kommt später. Versuche auch nicht, plötzlich neue Ideen zu entwickeln. Schreibe einfach auf, welche Elemente aus jeder Lösungsskizze hervorstechen.

Am Ende der Kurzkritik werdet ihr alle sämtliche vielversprechenden Ideen und Details verstehen. Außerdem werdet ihr dann eine schöne Bilanz der Diskussion an der Wand haben, die ungefähr so aussieht:

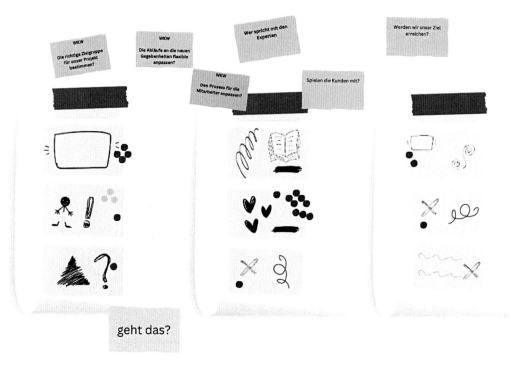

Abb. 26: Lösungsskizzen kombiniert mit Sprint- und WKW-Fragen

4. Abstimmung Generalprobe:

1. Verteile an jeden Teilnehmer einen Aufkleber als Stimmzettel.
2. Mache alle Teilnehmer auf das langfristige Ziel und die Sprint-Fragen aufmerksam.
3. Erinnere alle Teilnehmer daran, dass riskante Ideen mit großem Potenzial bevorzugt werden sollten.
4. Stelle die Stoppuhr auf zehn Minuten.
5. Jeder Teilnehmer notiert seine favorisierte Skizze – entweder als vollständige Lösungsskizze oder als einzelnes Element.

6. Nach Ablauf der Zeit oder wenn alle fertig sind, treffen die Teilnehmer ihre Entscheidung, indem sie ihre Klebepunkte auf die Skizzen kleben.

7. Jeder Teilnehmer erläutert kurz die Gründe für seine Wahl (maximal eine Minute pro Teilnehmer).

Es gibt zahlreiche Hinweise, die bei der Auswahl hilfreich sein können. Im vorherigen Kapitel habe ich gebeten, jeder Lösungsskizze einen einprägsamen Namen zu geben. Während der Probeabstimmung können die Skizzennamen, die Landkarte und die Haftnotizen aus der Kurzkritik dazu beitragen, die Lösungsvorschläge zu vergleichen und Optionen abzuwägen. Wir haben viel darüber gesprochen, wie begrenzt die Urteilskraft des Menschen ist, aber bei dieser Art von Entscheidung kann das menschliche Gehirn sein Potenzial ausschöpfen.

Du und alle anderen Teilnehmer im Raum verfügen über spezielles Fachwissen und jahrelange Erfahrung. Wenn du die Kurzkritik im Kurzzeitgedächtnis abspeicherst, kannst du dich mit deinem hochentwickelten Gehirn auf genau eine Aufgabe konzentrieren. Keine Gesprächssteuerung, keine Meinungsäußerung, kein Versuch, sich daran zu erinnern, worum es bei einer Skizze noch mal ging. Wende nur dein Fachwissen an und treffe aufgrund deines Vorwissens eine Entscheidung. Das menschliche Gehirn kann das ausgesprochen gut.

Das Team wird einige Minuten still überlegen, wo es seine Klebepunkte anbringt.

Und dann ... ist es vorbei: Die Punkte kleben. Anschließend lieferst du eine kurze Erklärung deiner Entscheidung. Der Entscheider sollte diesen Erklärungen genau zuhören, weil die abschließende Entscheidungsmacht anschließend bei ihm liegt.

Wenn es um Entscheidungen in einem Projekt geht, ist es wichtig, dass du als Entscheider eine klare und ehrliche Entscheidung triffst, auch wenn es schwerfällt und andere damit nicht einverstanden sind. Letztendlich musst du als Erster hinter dem Projekt stehen und für den Erfolg verantwortlich sein. Auch wenn Demokratie ein wichtiger Grundsatz ist, hat sie in einem Sprint oft nichts verloren. Wichtig ist, dass du die Fakten sorgfältig abwägst, die Perspektiven aller Beteiligten berücksichtigst und dann eine Entscheidung triffst, die für das Projekt am besten ist. Sei mutig und stehe zu deiner Entscheidung, auch wenn es schwierig ist.

5. Abschließende Abstimmung

Bei der abschließenden Abstimmung hast du als Entscheider die ultimative Entscheidungsgewalt. Du erhältst drei Klebepunkte mit deinen Initialen und kannst damit entscheiden, welche Lösung das Team als Prototyp umsetzen und testen wird. Du kannst dich entweder für eine der Ideen aus der Probeabstimmung entscheiden oder eine andere Lösung wählen. Dabei kannst du deine Stimmen auf verschiedene Lösungsskizzen verteilen oder alle auf eine einzige setzen – du hast freie Hand. Wichtig ist aber, dass du dabei immer das langfristige Ziel und die Sprint-Fragen im Blick behältst, die auf einem der Whiteboards festgehalten sind. Wenn du deine Wahl getroffen hast, ist die schwierigste Entscheidung der Woche gefallen. Die Lösungsskizzen mit den meisten Stimmpunkten sind die Gewinner und das Team wird den Prototyp auf Basis dieser Ideen planen und am Freitag einem Test unterziehen. Die Sieger werden gerne alle nebeneinander an der Wand angeordnet, damit jeder sehen kann, welche Lösung ausgewählt wurde.

Die Methode hat ihre Grenzen, insbesondere wenn es mehrere gute Ideen gibt. In diesem Fall besteht die Möglichkeit, einen „Rumble" durchzuführen, bei dem zwei Ideen ausgewählt werden, die dann unter deutlich größerem Aufwand als Prototypen realisiert werden. Das Team muss dann in zwei Gruppen aufgeteilt werden, die jeweils an einer der Ideen arbeiten. Der Rumble kann sehr wertvoll sein, um sicherzustellen, dass das Team die besten Ideen auswählt und diese gründlich testet, bevor eine endgültige Entscheidung getroffen wird. Es ist jedoch wichtig, sicherzustellen, dass genügend Ressourcen und Zeit für die Durchführung des Rumbles vorhanden sind, damit das Team nicht überlastet wird.

Note-and-Vote

Im Verlauf des Sprints gibt es Momente, in denen du Informationen oder Ideen aus der Gruppe sammeln und eine Entscheidung treffen musst. Note-and-Vote ist eine Abkürzung dieses Prozesses. Der Vorgang dauert nur zehn Minuten und bewährt sich ausgezeichnet, von der Erfindung fiktiver Markennamen bis zur Entscheidung, in welches Restaurant ihr zum Mittagessen gehen sollt.

1. Gib jedem Teilnehmer ein Blatt Papier und einen Stift.
2. Nimm dir drei Minuten Zeit und schreib im Stillen Ideen auf.
3. Überarbeite deine Liste in zwei Minuten und dampfe sie auf zwei bis drei Ideen ein.
4. Schreibe die besten Ideen aller Teilnehmer auf das Whiteboard. In einem Sprint mit sieben Teilnehmern erhaltet ihr damit ungefähr fünfzehn bis zwanzig Ideen.
5. Nimm dir zwei Minuten und wähle im Stillen deinen Favoriten aus dem Whiteboard aus.
6. Nenne nacheinander deinen Favoriten. Jede Abstimmung wird mit einem Punkt neben der entsprechenden Idee gekennzeichnet.
7. Der Entscheider trifft die abschließende Entscheidung.

Wie immer kann er sich an den abgegebenen Stimmen des Teams orientieren oder sich für etwas ganz anderes entscheiden.

Um den Ideen mit Note-and-Vote schnell eine Überschrift zu geben, kann man am Ende der Abstimmung eine kurze Diskussion führen und die Teilnehmer bitten, ihre Ideen kurz zusammenzufassen. Auf Basis dieser Zusammenfassungen kann man dann gemeinsam eine passende Überschrift für jede Idee finden. Es kann auch hilfreich sein, eine kurze Beschreibung oder einen Slogan zu erstellen, der die Idee zusammenfasst und leicht verständlich macht. Durch diese Schritte kann man sicherstellen, dass jede Idee eine klare und prägnante Bezeichnung hat, die es dem Team erleichtert, sich daran zu erinnern und die Idee effektiv zu kommunizieren.

Die Ideensammlung mit der Note-and-Vote-Methode sollte auch im stillen und konzentrierten Rahmen verlaufen, um die Kreativität der Teilnehmer zu fördern. Jeder Teilnehmer sollte seine Ideen auf einem Zettel notieren und diese dann anonym in eine Sammelbox werfen. Anschließend können die Ideen auf einem Whiteboard oder einer Flipchart sichtbar gemacht werden.

Wenn es nötig ist, den Ideen schnell eine Überschrift zu geben, können die Teilnehmer Klebepunkte in verschiedenen Farben verwenden, um ihre Präferenzen auszudrücken. Zum Beispiel können rote Punkte für Ideen stehen, die als besonders vielversprechend oder wichtig erachtet werden, grüne Punkte für Ideen, die als innovativ oder kreativ wahrgenommen werden, und gelbe Punkte für Ideen, die als potenziell umsetzbar oder realistisch angesehen werden.

Durch diese Methode können die Ideen schnell sortiert und priorisiert werden, so dass das Team schnell eine Entscheidung treffen und mit der Umsetzung beginnen kann.

Das Storyboard – „Willkommen in Hollywood"

Am Nachmittag des dritten Tages geht es ans Eingemachte: das Team wird ein Storyboard im Hollywood-Stil erstellen. Dabei geht es darum, die Lösungsskizze aus dem vorherigen Schritt visuell darzustellen und eine Geschichte um die Lösung herum zu erzählen. Das kann sehr aufregend sein und erfordert viel Kreativität, aber es ist auch eine großartige Möglichkeit, die Lösung zu vereinfachen und sie auf den Punkt zu bringen.

Das Team wird alle verfügbaren Materialien nutzen, um das Storyboard zu erstellen – von Stift und Papier bis hin zu Klebezetteln und Markern. Die Idee ist es, eine visuelle Darstellung der Geschichte zu erstellen, die auf einfache Weise verständlich ist. Es gibt keine festen Regeln oder Einschränkungen – das Team kann so kreativ werden, wie es möchte.

Während des Prozesses wird das Team auch die Gelegenheit haben, seine Ideen zu verfeinern und zu verbessern. Das Storyboard ist eine großartige Möglichkeit, um Feedback zu erhalten und sicherzustellen, dass das Team alle Aspekte der Lösung berücksichtigt.

Wenn das Team mit dem Storyboard fertig ist, sollte es eine klare und konsistente Geschichte erzählen, die den Wert der Lösung und die Vorteile für den Benutzer hervorhebt. Es sollte auch den Kontext und die Probleme, die die Lösung bietet, veranschaulichen.

Insgesamt ist die Erstellung eines Storyboards ein wichtiger Schritt, um sicherzustellen, dass das Team eine klare und überzeugende Lösung hat, die den Bedürfnissen der Benutzer entspricht. Es ist auch eine unterhaltsame und kreative Möglichkeit, die Zusammenarbeit und die Teamdynamik zu fördern.

Um ein Storyboard im Hollywood-Stil zu erstellen, beginnt man damit, ein Gitter aus 15 Feldern zu zeichnen. Jedes Feld sollte ungefähr die Größe eines A4-Blattes haben, damit später genug Platz für Skizzen und Notizen bleibt. Das Gitter dient als grundlegende Struktur des Storyboards und hilft dabei, die Handlung visuell zu planen.

Sobald das Gitter erstellt ist, geht man daran, die Geschichte in groben Zügen aufzuschreiben und sie auf die Felder aufzuteilen. Dabei kann man sich grob an einer Drei-Akt-Struktur orientieren, die typisch für viele Hollywood-Filme ist: Einleitung, Konfrontation und Lösung.

In der Einleitung wird die Handlung eingeführt, die Charaktere werden vorgestellt und das Setting wird etabliert. In der Konfrontation wird die Handlung vorangetrieben und die Charaktere geraten in Konflikte und Herausforderungen. Schließlich kommt es in der Lösung zur Auflösung der Handlung und zum Ende des Films.

Nun kann man beginnen, die einzelnen Szenen des Films in die Felder einzutragen und Skizzen zu den jeweiligen Handlungen zu zeichnen. Dabei sollte man darauf achten, dass die Handlung flüssig verläuft und der rote Faden nicht verloren geht.

Sobald das Storyboard vollständig ist, kann man es nutzen, um das Drehbuch zu überarbeiten oder es als Grundlage für die Produktion des Films verwenden. Ein gutes Storyboard hilft dabei, die Handlung zu visualisieren und die Umsetzung des Films zu erleichtern.

Genau – das erste Feld im Storyboard sollte die Eröffnungsszene zeigen, die dem Tester am fünften Tag präsentiert wird. Um die beste Szene für den Prototyp auszuwählen, kann das Team verschiedene Optionen in Betracht ziehen. Zum Beispiel könnte die Eröffnungsszene einen fiktiven Zeitungsartikel zeigen, in dem der Leser auf das neue Produkt aufmerksam wird. Eine andere Möglichkeit ist, dass die Eröffnungsszene eine Web-Suche, eine Zeitschrift, ein Ladenregal, den App Store, Facebook, LinkedIn, Twitter oder eine andere Plattform darstellt, auf der potenzielle Nutzer auf das Produkt aufmerksam werden. Wichtig ist, dass die Szene den Tester neugierig macht und ihn dazu anregt, mehr über das Produkt zu erfahren.

Abb. 27: Storyboard

Es gibt auch viele andere Möglichkeiten, eine Eröffnungsszene für das Storyboard zu gestalten. Zum Beispiel könnte man den Eingang einer E-Mail zeigen, die die Lösung des neuen Produkts oder der neuen Idee präsentiert. Auch der Alltag in einem Büro, Labor oder Produktionsbetrieb kann eine interessante Szene bieten, in der die neue Lösung präsentiert wird. Oft ist es von Vorteil, die eigene Idee neben die des Wettbewerbs zu stellen und zu testen, wie sie im Vergleich abschneidet. Die Eröffnungsszene ist der erste Eindruck, den der Tester am fünften Tag des Sprints von der Lösung bekommt, deshalb ist es wichtig, eine aussagekräftige Szene zu wählen, die die Vorteile der Lösung gut kommuniziert.

Im Rahmen des Design Sprints sollten wir uns darauf konzentrieren, mit dem zu arbeiten, was wir bis zu diesem Zeitpunkt gesammelt haben. Es kann verlockend sein, neue Ideen einzubringen, aber sie könnten den Rahmen sprengen und den Sprintplan durcheinander bringen. Wenn dir während des Sprints neue Ideen kommen, notiere diese am besten für einen späteren Zeitpunkt und konzentriere dich darauf, die Ideen zu entwickeln, die bereits auf dem Tisch liegen. Auf diese Weise stellen wir sicher, dass wir auf das Endziel des Sprints hinarbeiten und nicht abgelenkt werden.

Es ist wichtig, dass bei der Erstellung des Storyboards ein Teammitglied als Storyboard-Schreiber ausgewählt wird. Diese Person ist verantwortlich dafür, dass die Ideen und Szenen des Teams in eine zusammenhängende Geschichte umgesetzt werden. Der Storyboard-Schreiber sollte Erfahrung im Schreiben von Geschichten haben und in der Lage sein, die Ideen des Teams auf eine kreative und ansprechende Weise darzustellen.

Der Storyboard-Schreiber sollte in enger Zusammenarbeit mit dem Rest des Teams arbeiten, um sicherzustellen, dass das Storyboard die wichtigsten Ideen und Szenen des Prototyps enthält. Es ist auch wichtig, dass der Schreiber die Vision des Projekts versteht und in der Lage ist, diese in die Geschichte zu integrieren.

Während des Erstellungsprozesses sollten regelmäßig Feedbackschleifen eingebaut werden, damit das Team sicherstellen kann, dass das Storyboard den Anforderungen entspricht und die Vision des Projekts richtig umsetzt. Der Storyboard-Schreiber kann dann das Feedback des Teams nutzen, um das Storyboard zu überarbeiten und zu verbessern.

Es ist auch möglich, Haftnotizzettel mit den Skizzen der Abstimmungen an den entsprechenden Stellen des Boards zu kleben, um den Workflow zu erleichtern.

Am Ende des Storyboard-Erstellungsprozesses sollte das Team ein fertiges Storyboard haben, das alle wichtigen Szenen und Handlungsstränge des Prototyps umfasst. Das Storyboard dient dann als Blaupause für die Entwicklung des Prototyps und hilft dem Team, den Fokus auf die wichtigsten Elemente des Projekts zu behalten.

Es ist wichtig, während des Storyboardings nur so weit wie nötig ins Detail zu gehen. Das Ziel ist es, eine grobe Übersicht über den Ablauf der Geschichte zu erhalten, nicht, jedes kleine Detail auszuarbeiten. Es ist auch wichtig zu bedenken, dass das Storyboard lediglich ein Prototyp ist, der sich im Laufe des Tests noch ändern kann. Zu detaillierte Entwürfe können dazu führen, dass das Team sich zu sehr an diese Details bindet und Änderungen später schwer umzusetzen sind. Das bedeutet nicht, dass man keine Gedanken in das Storyboard einfließen lassen sollte. Es ist jedoch wichtig, dass man sich auf das Wesentliche beschränkt und den Fokus auf die größeren Zusammenhänge und die Handlung der Geschichte legt. So kann man sicherstellen, dass man sich auf das konzentriert, was wirklich wichtig ist und ein klares Bild von der Geschichte erhält.

Wenn es darum geht, im Wettbewerb eine Entscheidung zu treffen, ist wieder der Entscheider gefragt. Am Ende des Storyboard-Workshops hat das Team eine grobe Vorstellung davon, wie der Prototyp aussehen wird. Es ist wichtig, dass jetzt nicht zu viel Zeit in Details investiert wird. Stattdessen sollten sich alle darauf konzentrieren, den Prototyp so schnell wie möglich zu bauen und zu testen.

Wenn Entscheidungen getroffen werden müssen, sollten die Stimmen des gesamten Teams gehört werden, bevor der Entscheider seine Entscheidung trifft. Die Meinungen der Teammitglieder sollten ernst genommen und berücksichtigt werden, aber letztendlich liegt die Entscheidung beim Entscheider.

Es ist auch wichtig, dass der Entscheider nicht alleine entscheidet, sondern dass er sich auf das Feedback des Teams stützt. Wenn es um Entscheidungen geht, sollten alle relevanten Informationen und Perspektiven berücksichtigt werden. Der Entscheider muss sicherstellen, dass alle notwendigen Fakten auf dem Tisch liegen, bevor er seine Entscheidung trifft.

Es kann manchmal schwierig sein, alle wichtigen Details und Funktionen eines Produkts in das Storyboard zu integrieren. Manchmal ist einfach nicht genug Platz, um alles unterzubringen, oder es würde den Rahmen sprengen und das Storyboard unübersichtlich machen. In solchen Situationen muss man manchmal ein Risiko eingehen und einige Dinge weglassen. Das kann zwar beängstigend sein, aber es ist oft notwendig, um das Wesentliche herauszufiltern und den Fokus auf das zu richten, was wirklich wichtig ist. Der Entscheider muss dabei abwägen, was am besten für das Gesamtprojekt ist und welche Details oder Funktionen im Storyboard unbedingt dargestellt werden müssen, um das Ziel des Prototyps zu erreichen. Es ist wichtig, dabei das große Ganze im Auge zu behalten und sich nicht in Details zu verlieren, die am Ende nicht ausschlaggebend für den Erfolg des Produkts sind. Oftmals führt ein schlankes und übersichtliches Storyboard zu einem besseren Ergebnis als ein überladenes und kompliziertes.

Das Erstellen eines Storyboards ist eine wichtige Phase im Sprint-Prozess. Dabei geht es darum, die Geschichte des Prototyps in Bildern darzustellen. Dabei muss man sich vor Augen halten, dass das Storyboard auf eine maximale Dauer von 15 Minuten begrenzt sein sollte. Das mag auf den ersten Blick knapp bemessen klingen, vor allem wenn das Kundeninterview bereits eine ganze Stunde gedauert hat. Doch durch die richtige Auswahl der Szenen und die Fokussierung auf das Wesentliche kann man die Geschichte in dieser Zeit erzählen.

Insgesamt erfordert das Erstellen eines Storyboards eine sorgfältige Planung und Abwägung der verschiedenen Optionen. Durch die Fokussierung auf das Wesentliche, das Eingehen von Risiken und die Zusammenarbeit des Teams kann eine überzeugende und aussagekräftige Geschichte des Prototyps erzählt werden, die in 15 Minuten präsentiert werden kann.

Business
4. Schritt / Tag 4 – Prototyping
Der Prototyp-Prozess: Vom Brainstorming zum Probelauf

Am dritten Tag unseres Projekts wird sich intensiv mit der Erstellung des Storyboards beschäftigt. Mit Hilfe von Skizzen und Haftnotizzetteln wird die Handlung der Geschichte strukturiert und die wichtigsten Szenen und Elemente ausgewählt, die im Prototyp umgesetzt werden sollen.

Es ist wichtig, nicht zu sehr ins Detail zu gehen, um genügend Spielraum für Kreativität und Flexibilität zu haben. Es werden bewusst nicht alle Ideen in das Storyboard aufgenommen, sondern das Risiko eingegangen, Dinge wegzulassen, um sich auf das Wesentliche zu konzentrieren.

Am vierten Tag ist es endlich so weit – der Prototyp entsteht. Basierend auf dem Storyboard werden Ideen und Konzepte in die Realität umgesetzt und eine funktionierende Version des Produkts entwickelt.

In „Zurück in die Zukunft" gibt es viele spannende Szenen und Ideen, die den Film zu einem Klassiker gemacht haben. Eine davon ist die Szene, in der Doc Brown Marty von seiner Vision erzählt, in die Zu-

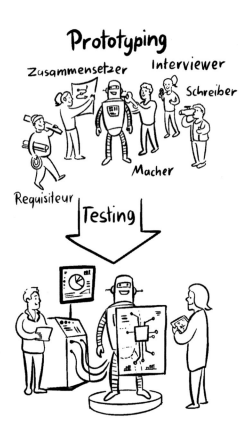

Abb. 28: Prototypen-Prozess

kunft zu reisen. Doch wie soll er Marty von dieser Idee überzeugen? Er nutzt Modelle!

In seiner Werkstatt zeigt Doc Brown Marty Modelle von verschiedenen Szenarien, die er mit der Zeitmaschine erreichen könnte. Er präsentiert ihm Modelle von alternativen Geschichtsverläufen und Orten. Diese Modelle geben Marty eine konkrete Vorstellung davon, wie die jeweilige Zeitreise aussehen und wie sie funktionieren wird.

Doc Brown hat verstanden, dass ein Bild mehr sagt als Tausend Worte. Indem er seine Ideen in Modellen visualisiert hat, konnte er Marty von seiner Vision überzeugen und das Projekt vorantreiben. Auch für das eigene Prototyping-Projekt ist es wichtig, dass Ideen visualisiert werden, um sie für andere verständlich zu machen. Das Storyboard ist dabei nur der erste Schritt. Maßstabsgetreue Modelle, wie sie Doc Brown angefertigt hat, sind vielleicht nicht immer notwendig, aber Skizzen, Diagramme und Prototypen können helfen, Ideen in die Realität umzusetzen und das Projekt zum Erfolg zu führen.

Ein Prototyp kann eine Art Kulisse sein, die lediglich 1% einer echten Stadt ausmacht, aber dennoch das Gefühl vermittelt, dass sie tatsächlich echt ist. Wie bei Doc Brown in „Zurück in die Zukunft", der fast maßstabsgetreue Modelle anfertigte, um seine Idee zu visualisieren. Die Modelle waren so detailliert und realistisch, dass Marty sich tatsächlich in der Stadt Hill Valley der Vergangenheit fühlte.

Ein Prototyp ermöglicht es, eine Idee in greifbarem Maße zu präsentieren und zu testen, bevor man viel Zeit und Geld in die tatsächliche Umsetzung investiert. Es erlaubt einem auch, schnell und effektiv Änderungen und Anpassungen vorzunehmen, um sicherzustellen, dass das Endprodukt den Anforderungen entspricht und erfolgreich ist.

Wenn man an einem Prototyp arbeitet, sollte man sich auf die Schlüsselelemente konzentrieren, die die Idee zum Leben erwecken. Es geht nicht darum, alles perfekt zu machen, sondern darum, die Hauptfunktionen und -merkmale zu testen und sicherzustellen, dass sie funktionieren. Durch den Bau eines Prototyps kann man wertvolles Feedback von potenziellen Nutzern sammeln und das Produkt auf ihre Bedürfnisse und Anforderungen zuschneiden.

Der vierte Tag ist der Tag, an dem du den Prototyp entstehen lässt. Es ist ein aufregender Schritt in Richtung der Realisierung einer Idee und bringt oft überraschende Ergebnisse hervor. Der Prototyp kann das Team motivieren und helfen, die Idee auf die nächste Stufe zu bringen. Es ist wichtig, dass du dir bei der Erstellung des Prototyps Zeit nimmst, um sicherzustellen, dass er die wichtigsten Merkmale und Funktionen enthält, aber auch um sich an den Zeitrahmen zu halten.

Der Einsatz von Prototypen und Modellen zur Visualisierung von Ideen ist nicht nur auf die Filmbranche beschränkt. Viele Branchen und Organisationen nutzen ähnliche Möglichkeiten, um ihre Ideen und Konzepte zu veranschaulichen. Ein Beispiel wäre die Nutzung von Geländemodellen, um zum Beispiel Bauprojekte oder Landschaftsgestaltungen zu planen und zu visualisieren. Auch in der Produktentwicklung oder der Fahrzeugindustrie werden häufig maßstabgetreue Modelle eingesetzt, um das Design und die Funktionalität von Produkten zu testen und zu optimieren. Es gibt auch die Möglichkeit, Prototypen aus Lego-Steinen zu bauen, um zum Beispiel in der Logistik oder Produktion mögliche Abläufe und Prozesse zu visualisieren und zu optimieren. Der Einsatz von Prototypen und Modellen kann also in vielen Bereichen hilfreich sein, um Ideen zu visualisieren, zu testen und zu verbessern.

Die Prototyp-Mentalität

Die Prototyp-Mentalität ist eine wertvolle Einstellung, wenn es darum geht, schnell und effektiv Lösungen zu entwickeln. Es gibt vier wichtige Schritte, die man dabei beachten sollte.

Der erste Schritt ist, dass man aus allem einen Prototyp bauen kann. Es ist wichtig, sich nicht durch den Gedanken abhalten zu lassen, dass eine Idee zu komplex oder schwierig umzusetzen ist. Ein Prototyp kann aus einfachen Materialien und in kurzer Zeit gebaut werden, um eine Idee zu testen und zu verfeinern.

Der zweite Schritt ist, dass Prototypen Wegwerfartikel sind. Man sollte nicht zu viel Zeit oder Geld in einen Prototyp investieren, sondern ihn als eine Art Schnelltest betrachten. Ein Prototyp ist dazu da, um Fehler zu finden und Dinge auszuprobieren, bevor man in die nächste Entwicklungsphase übergeht.

Der dritte Schritt ist, dass man Prototypen mit so viel Details erstellen sollte, wie notwendig ist, um Fragen zu beantworten, aber nicht mehr. Es geht darum, das Wesentliche zu testen und zu verstehen, bevor man weitere Ressourcen in die Idee steckt. Wenn du zu viel Zeit und Energie in einen Prototyp investierst, kannst du dich leicht in Details verlieren, die nicht notwendig sind.

Der vierte Schritt ist, dass der Prototyp echt wirken und Goldlöckchen-Qualität haben sollte, d.h. genau richtig ist. Das bedeutet, dass der Prototyp so realistisch wie möglich sein sollte, um eine authentische Erfahrung zu bieten. Es geht darum, den richtigen Grad an Details zu finden, um eine überzeugende Darstellung der Idee zu schaffen.

Diese vier Schritte sind ein wichtiger Bestandteil der Prototyp-Mentalität und können dabei helfen, Ideen schnell und effektiv zu testen und zu verbessern. Es ist eine praktische Herangehensweise, die von vielen Unternehmen und Organisationen genutzt wird, um Innovationen voranzutreiben.

Und so kommst du zu deinem Prototyp:

Jeder Prototyp ist einzigartig und es gibt keine schrittweise Anleitung, die auf alle zutrifft. Es gibt jedoch vier mögliche Regeln, die helfen können, einen erfolgreichen Prototyp zu erstellen.

Die erste Regel: Das richtige B-Body-Instrument oder Werkzeug auszuwählen, das den Anforderungen des Prototyps entspricht. Dies kann alles von einfachen Stift- und Papierzeichnungen bis hin zu ausgeklügelten CAD-Modellen und 3D-Drucken umfassen.

Die zweite Regel: Die Aufgaben unter den B-Buddies aufzuteilen. Die Aufgaben sollten an die Fähigkeiten und Erfahrungen jedes Teammitglieds angepasst werden, um sicherzustellen, dass jeder sein Bestes geben kann. Eine klare Kommunikation und Koordination untereinander ist dabei unerlässlich.

Die dritte Regel: Alle B-Brain-Aspekte zusammenzuführen, um sicherzustellen, dass alle Anforderungen des Projekts erfüllt sind. Dies beinhaltet die Berücksichtigung von Zeit- und Ressourcenbeschränkungen sowie die Einhaltung von Budgets.

Die vierte Regel: Die Prototypen durch einen B-Business- und B-BlackBox-Probelauf zu testen. Hierbei wird der Prototyp in einem realistischen Umfeld getestet und auf Schwachstellen oder fehlende Funktionalitäten überprüft. Die Ergebnisse dieses Tests können dann dazu verwendet werden, den Prototyp zu verbessern und weiterzuentwickeln.

Durch die Anwendung dieser vier Regeln kann ein erfolgreicher Prototyp erstellt werden, der den Anforderungen des Projekts entspricht und in der Lage ist, nützliche Informationen für den Entwicklungsprozess zu liefern.

Bei der Erstellung deines Prototyps sind Keynote oder PowerPoint hilfreiche Tools, mit denen du arbeiten kannst.

Manchmal reicht es, die Präsentationen auf voller Bildschirmgröße laufen zu lassen. Manchmal werden jedoch auch interaktive Elemente verwendet wie Hyperlinks und Überblendungen, um die Benutzererfahrung zu simulieren.

Es gibt viele andere Tools und Methoden, die je nach Anforderungen des Prototyps besser geeignet sein können.

Wenn es darum geht, ein Projektteam zusammenzustellen, das an der Erstellung eines Prototyps arbeitet, gibt es verschiedene Rollen und Aufgaben, die auf die Teammitglieder verteilt werden können. Hier sind einige mögliche Rollen und Aufgaben:

1. **Macher:** Diese Rolle ist für die Erstellung des Prototyps selbst verantwortlich. Hier sollten idealerweise zwei oder mehr Personen mit verschiedenen Fähigkeiten und Erfahrungen zusammenarbeiten, um den Prototyp bestmöglich umzusetzen. Diese Rollen könnten beispielsweise Designer, Entwickler, Ingenieure oder Handwerker sein.

2. **Zusammensetzer:** Die Rolle des Zusammensetzers besteht darin, die verschiedenen Teile des Prototyps zusammenzufügen. Hier geht es darum, sicherzustellen, dass alle Komponenten des Prototyps ordnungsgemäß funktionieren und zusammenarbeiten. Diese Rolle könnte beispielsweise von einem Projektmanager oder einem erfahrenen Techniker übernommen werden.

3. **Schreiber:** Die Aufgabe des Schreibers ist es, alle relevanten Informationen und Anweisungen bezüglich des Prototyps zu dokumentieren. Hierzu könnten beispielsweise Arbeitsanweisungen, Designspezifikationen, Materiallisten oder Testergebnisse gehören. Diese Rolle kann von einem Technischen Redakteur oder einem erfahrenen Projektassistenten übernommen werden.

4. **Requisiteur:** Der Requisiteur ist für die Beschaffung aller benötigten Materialien und Werkzeuge für den Prototypenbau verantwortlich. Hierzu gehören beispielsweise Baumaterialien, Elektronikkomponenten, Werkzeuge, Maschinen oder Laborausrüstung. Diese Rolle kann von einem Einkaufsmanager oder einem erfahrenen Beschaffungsmitarbeiter übernommen werden.

5. **Interviewer:** Die Rolle des Interviewers besteht darin, relevante Informationen von Stakeholdern, Benutzern oder Experten zu sammeln, um das Verständnis des Teams für das Problem und die Anforderungen zu verbessern. Dies kann helfen, den Prototyp genauer auf die Bedürfnisse der Zielgruppe abzustimmen. Hierfür könnte ein erfahrener Designer, ein Business Analyst oder ein Marktforscher die Rolle des Interviewers übernehmen.

Es ist wichtig, dass jedes Teammitglied klare Aufgaben und Verantwortlichkeiten hat und dass jeder seine Rolle im Team versteht. Eine gute Kommunikation und Zusammenarbeit zwischen den Teammitgliedern sind entscheidend für den Erfolg des Prototyp-Projekts.

Sobald die Aufgaben auf die Teammitglieder verteilt wurden, sollten auch die Inhalte des Storyboards aufgeteilt werden, damit jeder weiß, für welche Szenen er oder sie verantwortlich ist und welche Elemente in die jeweiligen Szenen aufgenommen werden müssen.

Es ist auch wichtig, sicherzustellen, dass alle Teammitglieder den gleichen Überblick über das gesamte Storyboard haben und dass es keine Widersprüche oder Inkonsistenzen zwischen den einzelnen Szenen gibt. Ein gemeinsames Treffen, um das Storyboard im Detail zu besprechen und offene Fragen zu klären, kann sehr hilfreich sein.

Zusätzlich kann es hilfreich sein, klare Richtlinien zu vereinbaren, wie die Szenen umgesetzt werden sollen, z.B. welche Farbpalette oder welches Design verwendet werden soll, welche Art von Bildern oder Animationen eingesetzt werden sollen usw. Dies hilft dabei, ein einheitliches und ansprechendes Storyboard zu erstellen, das den Zweck erfüllt, für den es erstellt wurde.

Nachdem die Aufgaben verteilt wurden, ist es an der Zeit, den Inhalt des Storyboards zusammenzufügen. Der Zusammensetzer übernimmt diese Aufgabe und sorgt dafür, dass alle Elemente nahtlos ineinander übergehen.

Die Schreiber und Requisiteure liefern die benötigten Texte und Bilder, während die Macher die Prototypen und visuellen Elemente erstellen. Der Interviewer sorgt dafür, dass alle relevanten Informationen und Ideen in das Storyboard einfließen.

Sobald alle Elemente vorliegen, ist es wichtig, dass der Zusammensetzer darauf achtet, dass das Storyboard einen roten Faden hat und sich flüssig liest. Hierbei können auch Anpassungen vorgenommen werden, um sicherzustellen, dass das Storyboard die gewünschte Wirkung erzielt.

Sobald alle Elemente zusammengeführt wurden, ist es wichtig, das Storyboard noch einmal zu überprüfen und sicherzustellen, dass es den gewünschten Effekt hat. Gegebenenfalls können noch Änderungen vorgenommen werden, bevor es an die Erstellung des Prototyps geht.

Insgesamt ist es wichtig, dass das Team während des gesamten Prozesses eng zusammenarbeitet und regelmäßig kommuniziert, um sicherzustellen, dass alle Elemente des Storyboards zusammenpassen und das gewünschte Ergebnis erzielt wird.

Am vierten Tag des Prototyping-Prozesses ist es Zeit für den Probelauf. Alle Teammitglieder kommen zusammen, um den Prototyp auszuprobieren und zu sehen, ob er funktioniert wie geplant. Während des Probelaufs werden mögliche Probleme und Schwachstellen des Prototyps identifiziert und es werden mögliche Verbesserungen diskutiert und notiert.

Dieser Probelauf ist von entscheidender Bedeutung, da es noch Zeit gibt, um Änderungen vorzunehmen und den Prototyp zu verbessern, bevor er den Kunden präsentiert wird. Wenn nötig, werden weitere Tests durchgeführt und Anpassungen vorgenommen, um sicherzustellen, dass der Prototyp am nächsten Tag bereit für die Präsentation ist.

Nach dem Probelauf ist es wichtig, dass das Team Zeit hat, um zusammenzukommen und über die Ergebnisse zu sprechen. Es ist auch wichtig, dass das Team klare Verantwortlichkeiten für die Überarbeitung und Verbesserung des Prototyps hat, damit der Prototyp für die Präsentation am nächsten Tag bereit ist.

Der Probelauf, der am vierten Tag stattfindet, ist ein entscheidender Schritt, um zu prüfen, ob alles für den nächsten Tag bereit ist. Während dieses Laufs müssen nicht nur die Macher und der Zusammensetzer gewährleisten, dass der Prototyp wie geplant funktioniert, sondern auch die Interviewer haben eine wichtige Rolle. Sie müssen sich mit den Fragen vertraut machen, die im Laufe des Sprints und bezüglich des Prototyps gestellt werden sollen, damit sie angemessen und sinnvoll sind.

Die Sprint-Fragen sollten so gestaltet sein, dass sie den Teilnehmern helfen, den Prototyp auf Herz und Nieren zu prüfen und die wichtigsten Funktionen zu identifizieren. Die Fragen zum Prototyp sollten sich darauf konzentrieren, ob er die gestellten Fragen beantwortet und ob er intuitiv und benutzerfreundlich ist.

Die Interviewer haben die Aufgabe, die Fragen so zu formulieren, und so gestellt werden, dass sie den Teilnehmern helfen, den Prototyp vollständig zu verstehen und sinnvolles Feedback zu geben. Sie müssen zudem darauf achten, dass die Fragen klar und verständlich sind und dass sie alle relevanten Aspekte des Prototyps abdecken.

Probeläufe eigenen sich wunderbar dazu, mögliche Fehlerquellen zu erkennen und ggf. noch Veränderungen vorzunehmen vor dem Test mit den Teilnehmern des Interviews am folgenden Tag.

Business and BlackBox

**5. Schritt / Tag 5
Vor der großen Entscheidung:
Kundeninterviews mit der richtigen Zielgruppe im Sprint**

Nach vier intensiven Tagen des Sprints ist der fünfte und letzte Tag gekommen. Heute geht es darum, das Feedback unserer potenziellen Kunden zu sammeln und zu validieren. Dafür sind Kundeninterviews von entscheidender Bedeutung.

Wir haben in den vorherigen Tagen intensiv gearbeitet, um unseren Prototyp zum Leben zu erwecken. Jetzt müssen wir sicherstellen, dass er den Bedürfnissen und Anforderungen unserer Zielgruppe entspricht. Unsere Macher, Schreiber, Interviewer und Zusammensetzer haben daran gearbeitet, ein Produkt zu entwickeln, das unsere Kunden begeistert. Nun müssen wir testen, ob wir alles richtig gemacht haben.

Die Interviewer müssen sich auf die Sprint-Fragen und die Fragen zum Prototyp vorbereiten, damit sie die richtigen Informationen von den Testern sammeln.

Kundeninterviews sind der wichtigste Teil des Validierungsprozesses. Nur durch Feedback und Einblicke von echten Kunden stellen wir sicher, dass unser Produkt erfolgreich sein wird. Deshalb ist es wichtig, die richtige Zielgruppe zu erreichen und die richtigen Fragen zu stellen.

Wenn die Kundeninterviews abgeschlossen sind, werden wir unser Feedback sammeln und Anpassungen vornehmen, falls nötig. Dann werden wir uns zur großen Entscheidung versammeln und entscheiden, ob unser Prototyp den Sprint unserer Zielgruppe steigert und ob wir weitermachen oder unser Konzept überdenken müssen.

Jakob Nielsen ist ein bekannter dänischer Usability-Experte und hat in seinen Studien herausgefunden, dass fünf Interviewer die optimale Anzahl sind, um etwa 85% aller Probleme und Herausforderungen eines Produkts zu entdecken. Diese Anzahl ist groß genug, um eine Vielzahl von Perspektiven abzudecken, aber klein genug, um den Prozess effektiv und effizient zu halten.

Durch die Befragung von fünf Testern bekommst du eine ausreichende Anzahl von Perspektiven, so dass du Muster erkennen kannst und die volle Bandbreite möglicher Nutzerbedürfnisse abgedeckt werden. Auf diese Weise werden die am häufigsten auftretenden Herausforderungen und Probleme identifiziert, die im Rahmen des Prototyping-Prozesses behoben werden können.

Indem du diese Erkenntnisse von Nielsen in den Prototyping-Prozess einbeziehst, kannst du dein Produkt so benutzerfreundlich wie möglich anpassen, so dass die Bedürfnisse der Nutzer bestmöglich erfüllt werden.

Wenn du bis hierhin deine Hausaufgaben richtig gemacht hast und spätestens am zweiten Tag fünf Interviewer organisiert hast, dann solltest du nun für die Interviews jeweils eine Stunde Zeit einplanen und jeweils 30 Minuten Pause dazwischenlegen.

Das mag sich nach viel Zeit anhören, aber es ist wichtig, genug Zeit für jedes Interview zu haben, um eine gründliche und aussagekräftige Feedback-Sitzung zu ermöglichen. Deine Interviewer sollten die Möglichkeit von kleinen Pausen zwischen den Interviews erhalten, um entspannt und erfrischt ins nächste Gesprch gehen zu können.

Wenn du die Zeit und die Ressourcen hast, empfiehlt es sich, eine separate Person als Moderator für jedes Interview einzusetzen.

Ein erfahrener Moderator sorgt dafür, dass das Interview reibungslos abläuft und dass alle wichtigen Fragen beantwortet werden. Der Moderator kann auch Notizen machen, damit das Feedback ordentlich dokumentiert wird.

Entscheidend für den Erfolg der Interviews ist es, die richtige Zielgruppe für deine Interviews auszuwählen. Eine Zielgruppe, die nicht repräsentativ für deine potenziellen Kunden ist, kann ungenaue oder irrelevante Feedbacks geben. Es ist ratsam, die Zielgruppe sorgfältig auszuwählen, damit sie die Merkmale und Verhaltensweisen deiner potenziellen Kunden widerspiegeln.

Wenn du diese Schritte befolgst und genügend Zeit und Ressourcen zur Verfügung stellst, können Kundeninterviews eine unschätzbare Quelle für Feedback und Einblicke sein, die dir helfen, dein Produkt oder deine Dienstleistung zu verbessern und zu optimieren.

Natürlich ist es wichtig, am Ende des Sprints eine Abschlussbesprechung aller Teilnehmer einzuplanen. Diese Besprechung bietet die Gelegenheit, Feedback von allen Beteiligten einzuholen und das gesamte Projekt zu reflektieren. Dabei können Erfolge, aber auch Herausforderungen, die im Verlauf des Sprints aufgetreten sind, besprochen werden.

In der Abschlussbesprechung sollten auch die Ergebnisse der Kundeninterviews präsentiert werden. Die Erkenntnisse aus den Interviews können wertvolle Informationen für die Weiterentwicklung des Produkts liefern und sollten daher sorgfältig ausgewertet werden.

Wichtig ist auch, dass in der Abschlussbesprechung der nächste Schritt definiert wird. Was muss als Nächstes getan werden, um das Produkt weiterzuentwickeln und die gewonnenen Erkenntnisse aus den Kundeninterviews umzusetzen?

Abb. 29: Das Interview

Zusammenfassend lässt sich sagen, dass die Abschlussbesprechung eine wichtige Gelegenheit ist, um Feedback von allen Teilnehmern einzuholen und das Projekt zu reflektieren. Nur so kann das Produkt kontinuierlich verbessert und den Kundenbedürfnissen entsprechend angepasst werden.

Beim Interview in fünf Akten hast du eine großartige Möglichkeit, um Feedback von deinen Kunden einzuholen. Es ist wichtig, dass sich die Kunden entspannen können und ihr Vertrauen in das Gespräch setzen. Mit diesem Ansatz baust du eine gemeinsame Gesprächsbasis auf und gehst sicher, dass der gesamte Prototyp geprüft wird.

Die fünf Akte sind einfach:

1. Zuerst begrüßt du den Kunden freundlich und lädst ihn ein, sich wohl zu fühlen.

2. Dann stellst du ein paar allgemeine und offene Fragen, um ein besseres Verständnis für den Kunden zu bekommen.
3. Als Nächstes präsentierst du den Prototyp und erklärst die wichtigsten Funktionen und Eigenschaften.
4. Danach beginnt der eigentliche Test, bei dem du dem Kunden detaillierte Aufgaben gibst, damit er auf den Prototyp reagieren und Feedback geben kann. Es ist wichtig, dass der Kunde sich bei diesen Aufgaben wohlfühlt und genügend Zeit hat, um seine Gedanken auszudrücken.
5. Zum Abschluss gibst du dem Kunden die Möglichkeit, seine Gesamteindrücke vom Produkt wiederzugeben. Es ist wichtig, dass du hier offen für Feedback bist und sicherstellst, dass du alle wichtigen Punkte notierst.

Am Freitag finden alle Interviews in zwei Räumen statt. Im Sprint-Raum verfolgt das Team die Interviews mittels Live-Videoübertragung, während das Gespräch selbst in einem anderen Raum stattfindet, den wir als „Interviewraum" bezeichnen. Auf diese Weise erhältst du reibungslose Abläufe und sorgst dafür, dass jeder Tester die Aufmerksamkeit bekommt, die er verdient.

Effektives Kundenfeedback:
Die fünf Schritte des Interviewprozesses

1. Begrüßung

Die Begrüßung ist ein wichtiger Teil des Interviewprozesses, da sie den ersten Eindruck vermittelt und eine Grundlage für eine angenehme Gesprächsatmosphäre schafft. Es ist wichtig, dass der Kunde sich von Anfang an wohl fühlt und das Gefühl hat, dass sein Feedback geschätzt wird.

Eine freundliche und offene Begrüßung ist der Schlüssel zum Aufbau einer guten Beziehung zum Kunden. Es kann hilfreich sein, das Eis zu brechen, indem man sich kurz vorstellt und ein paar Smalltalk-Fragen stellt, um eine lockere Atmosphäre zu schaffen. Eine herzliche Begrüßung kann auch dazu beitragen, das Vertrauen des Kunden zu gewinnen und seine Bereitschaft erhöhen, sich offen und ehrlich über seine Erfahrungen und Bedürfnisse auszutauschen.

Wichtig ist es auch, dem Kunden das Gefühl zu geben, dass sein Feedback von Bedeutung ist. Du solltest ihm erklären, warum sein Feedback wichtig ist und wie es helfen wird, das Produkt zu verbessern. Es ist auch eine gute Idee, ihm zu versichern, dass du nicht nach perfektem Feedback suchst, sondern nach ehrlichem Feedback, das helfen wird, das Produkt auf die Bedürfnisse der Kunden abzustimmen.

Zusammenfassend ist eine freundliche und offene Begrüßung ein wichtiger erster Schritt, um eine gute Beziehung zum Kunden aufzubauen und eine angenehme Gesprächsatmosphäre zu schaffen. Indem du den Kunden wertschätzt und ihm das Gefühl gibst, dass sein Feedback wichtig ist, erhöhst du die Wahrscheinlichkeit, dass er sich offen und ehrlich äußert und wertvolle Einsichten liefert, die zur Verbesserung des Produkts beitragen können.

Bei den Interviews in fünf Akten ist es wichtig, den Prototyp oder die Prototypen vorzustellen. Dabei ist es ratsam, offene und unverbindliche Fragen zu stellen, um dem Kunden die Möglichkeit zu geben, seine Gedanken und Gefühle frei zu äußern.

2. Fragen zum Kontext

Beim zweiten Schritt des Interviews in fünf Akten geht es darum, Fragen zum Kontext des Kunden zu stellen, um seine Bedürfnisse besser zu verstehen. Dabei ist es wichtig, zunächst persönliche Fragen zu stellen, um eine Vertrauensbasis aufzubauen und den Kunden sich wohl und verstanden fühlen zu lassen.

Hierbei können Fragen wie „Was machen Sie beruflich?", „Wie lange machen Sie das schon?" oder „Was machen Sie in Ihrer Freizeit?" hilfreich sein, um ein besseres Bild vom Kunden zu bekommen. Auch Fragen zum Lifestyle wie „Was tun Sie für Ihre Gesundheit?" oder „Wie halten Sie sich fit?" können Aufschluss darüber geben, welche Bedürfnisse der Kunde hat.

Es kann auch sinnvoll sein, gezielt nach Erfahrungen mit ähnlichen Produkten oder Dienstleistungen zu fragen, zum Beispiel „Haben Sie schon einmal XYZ ausprobiert?" oder „Was hat Ihnen bei ähnlichen Produkten gefallen oder nicht gefallen?"

Durch diese persönlichen Fragen wird eine Beziehung zum Kunden aufgebaut, die es ermöglicht, später gezielt auf seine Bedürfnisse einzugehen und das Interview effektiver zu gestalten.

3. Prototyp vorstellen

Im dritten Schritt des Interviews in fünf Akten ist es wichtig, den Prototyp oder die Prototypen vorzustellen. Du solltest dabei auf eine klare und verständliche Präsentation achten. Zeige dem Kunden, wie der Prototyp funktioniert und welche Funktionen er hat. Gehe auf die Besonderheiten und Vorteile des Prototyps ein und erläutere, wie er sich von anderen Produkten auf dem Markt unterscheidet.

Wichtig ist auch, dass du dem Kunden die Möglichkeit gibst, Fragen zum Prototyp zu stellen. Beantworte diese Fragen geduldig und ausführlich. Gehe auf eventuelle Bedenken und Zweifel ein und erkläre, wie der Prototyp diese lösen kann.

Je nach Komplexität des Prototyps kann es auch sinnvoll sein, eine kurze Einweisung zu geben oder dem Kunden die Bedienung anhand von konkreten Beispielen zu zeigen.

Insgesamt gilt: Nimm dir ausreichend Zeit für die Vorstellung des Prototyps und sorge dafür, dass der Kunde ihn gut verstehen kann. Nur so kann er ihn später auch angemessen beurteilen.

4. Frage den Kunden

Als Nächstes ist es wichtig, dem Kunden klare Aufgaben und kleine Anstöße zu geben, damit er auf den Prototyp reagieren kann. Diese Aufgaben sollten so gestaltet sein, dass sie den Kunden dazu ermutigen, das Produkt auf seine Funktionalität und Benutzerfreundlichkeit zu testen.

Stelle offene Fragen, die den Kunden dazu anregen, seine Gedanken und Gefühle bezüglich des Produkts zu teilen. Du kannst zum Beispiel fragen, was ihm besonders gut gefällt oder was ihm weniger gut gefällt. Auch kannst du ihn fragen, ob er Verbesserungsvorschläge hat.

Es ist wichtig, dem Kunden das Gefühl zu geben, dass seine Meinung und seine Erfahrungen zählen. Sei aufmerksam und höre genau zu, was er sagt. Auch kleine Gesten wie Nicken oder Lächeln können dazu beitragen, dass der Kunde sich wohl und ernst genommen fühlt.

Wenn der Kunde Schwierigkeiten hat, den Prototyp zu verstehen oder zu benutzen, kannst du ihm helfen, indem du ihm Hinweise und Erklärungen gibst. Bleibe dabei aber neutral und gebe ihm nicht zu viele Informationen, da dies das Testergebnis verfälschen könnte.

Wichtig ist, dass du den Kunden dazu ermutigst, ehrlich und direkt zu sein. Sag ihm, dass es wichtig ist, dass er seine ehrliche Meinung teilt, damit das Produkt verbessert werden kann. Bedanke dich am Ende des Gesprächs für seine Zeit und sein Feedback.

5. Abschlussgespräch

Im Abschlussgespräch geht es darum, dass der Kunde seinen Gesamteindruck und seine Erfahrungen mit dem Prototyp wiedergibt. Es ist wichtig, dass der Kunde hierbei ehrliches Feedback gibt, da dies dazu beiträgt, das Produkt weiterzuentwickeln und zu verbessern.

Stelle offene Fragen, die den Kunden ermutigen, seine Meinung zu äußern. Du könntest beispielsweise fragen: „Wie war Ihre Erfahrung mit dem Prototyp?", „Was hat Ihnen besonders gut gefallen?" oder „Gab es etwas, das Ihnen nicht gefallen hat oder das Sie verwirrt hat?"

Im Abschlussgespräch kannst du dem Tester auch eine abschließende Frage stellen, zum Beispiel: „Wenn Sie drei Wünsche frei hätten, was würden Sie gerne an diesem Produkt ändern oder verbessern?" Diese Frage kann wertvolles Feedback liefern und dir dabei helfen, das Produkt weiter zu optimieren. Es ist wichtig, dem Tester zu versichern, dass es keine falschen Antworten gibt und dass jedes Feedback wertvoll ist. So können auch kritische Stimmen gehört werden, die dazu beitragen können, das Produkt zu verbessern. Am Ende des Gesprächs solltest du dem Tester noch einmal für seine Teilnahme danken und ihm mitteilen, dass sein Feedback zur Verbesserung des Produkts beitragen wird.

Wichtig ist, dass du als Interviewer aufmerksam zuhörst und der Rest des Teams im Nebenraum Notizen macht. Wenn der Kunde etwas sagt, das du näher erläutert haben möchtest, könntest du nachfragen und um weitere Details bitten.

Fasse am Ende des Gesprächs noch einmal die wichtigsten Punkte zusammen und bedanke dich für die Zeit und das Feedback des Kunden.

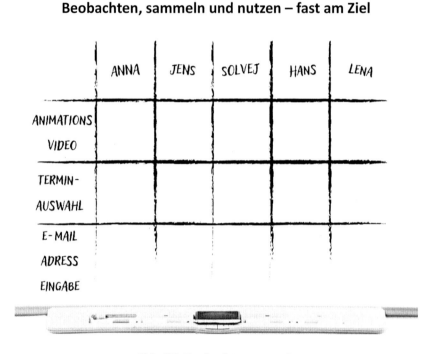

Abb. 30: Beobachtungsmatrix

Das Erstellen eines Sprints ist eine Teamarbeit, bei der jeder seine eigene Rolle spielt. Eines der wichtigsten Teams ist das Beobachtungsteam. Die Mitglieder des Teams haben die wichtige Aufgabe, die Interviews mit den Kunden zu beobachten und zu dokumentieren. Auf diese Weise kann das gesamte Team die Erkenntnisse aus den Interviews später nutzen.

Die Mitglieder des Beobachtungsteams sollten während der Interviews aufmerksam und aufgeschlossen sein. Sie sollten sich auf die Aussagen und Reaktionen der Kunden konzentrieren und Notizen machen. Diese Notizen sind ein wertvolles Werkzeug, um später Entscheidungen zu treffen und das Produkt weiterzuentwickeln.

Während des gesamten Sprints haben die Mitglieder des Beobachtungsteams die Gelegenheit, von den anderen Teams zu lernen. Sie können die Erfahrungen und Erkenntnisse aus den Interviews nutzen, um ihre eigenen Fähigkeiten und ihr Wissen zu verbessern.

Zusammenfassend lässt sich sagen, dass das Beobachtungsteam eine wichtige Rolle bei der Erstellung eines Sprints spielt. Die Mitglieder sollten aufmerksam und aufgeschlossen sein, um wertvolle Informationen zu sammeln und das Projekt zu verbessern. Durch die Zusammenarbeit mit anderen Teams können sie auch ihre eigenen Fähigkeiten und ihr Wissen verbessern.

Es ist wichtig, dass während der Kundeninterviews möglichst Ruhe im Raum herrscht, um eine ungestörte Kommunikation zwischen dem Tester und dem Interviewer zu ermöglichen. Daher empfiehlt es sich, während des Interviews Notizen auf Haftnotizzetteln zu machen, auf denen kurze Sätze oder nur Wörter notiert werden.

Besonders hilfreich ist es, auf den Notizzetteln Plus- und Minuspunkte zu den gestellten Fragen und dem Tester zu notieren. So können schnell und einfach positive und negative Aspekte des Prototyps sowie Feedback und Kritikpunkte erfasst werden.

Um sicherzustellen, dass die Informationen später korrekt zugeordnet werden können, sollte auf jedem Notizzettel der Name des Testers sowie die jeweilige Frage notiert werden. Am Ende des Interviews können die Notizzettel dann gesammelt und ausgewertet werden, um wertvolles Feedback für die Weiterentwicklung des Produkts zu erhalten.

Insgesamt ist es wichtig, während der Kundeninterviews eine möglichst effektive und strukturierte Arbeitsweise zu haben, um alle relevanten Informationen zu erfassen und eine umfassende Analyse der Testergebnisse zu ermöglichen.

Eine Matrix auf einem Whiteboard kann eine sehr nützliche Unterstützung bei der Auswertung der Interviews im Sprint sein. Dabei werden vertikal die Fragen für das Interview aufgelistet und horizontal die Namen der Tester. Auf diese Weise kann man schnell und übersichtlich die Antworten der Tester auf die verschiedenen Fragen vergleichen und auswerten.

Um das Ganze noch übersichtlicher zu gestalten, kann man Plus- und Minuspunkte auf Haftnotizzetteln notieren und diese in die entsprechenden Felder der Matrix kleben. Auf diese Weise lassen sich die Ergebnisse der Interviews noch besser visualisieren und die Auswertung wird erleichtert. Außerdem hilft die Matrix dem Sprint-Team dabei, die verschiedenen Stärken und Schwächen des Prototyps besser zu verstehen und gezielte Maßnahmen zur Verbesserung des Produkts zu entwickeln.

Nachdem alle Interviews abgeschlossen sind und die Ergebnisse auf Haftnotizen festgehalten wurden, kannst du sie am Whiteboard organisieren, um Muster und Trends zu erkennen. Dazu kannst du beispielsweise die Haftnotizen nach Themen oder Kategorien gruppieren und Gemeinsamkeiten zwischen den Antworten der verschiedenen Tester identifizieren.

Durch das Erkennen von Mustern und Trends kannst du wertvolle Einblicke gewinnen und Entscheidungen treffen, um das Produkt weiterzuentwickeln und den Kundenbedürfnissen besser gerecht zu werden. Es ist jedoch wichtig, sich nicht nur auf eine einzige Meinung oder Perspektive zu verlassen, sondern die Ergebnisse aller Tester zu berücksichtigen.

Herzlichen Glückwunsch, du hast es geschafft! Das letzte Interview ist beendet und das Feedback von allen Testern wurde gesammelt und analysiert. Nun ist es Zeit, eine Entscheidung zu treffen: Wird die Idee weiterverfolgt oder nicht?

Abb. 31: Am Ziel der Entscheidung

Es kann sein, dass das Feedback der Tester eindeutig war und es klar ist, dass die Idee weiterentwickelt werden soll. Oder es gibt widersprüchliche Meinungen, und es ist schwierig zu entscheiden, welcher Weg der beste ist.

Um die Entscheidung zu treffen, kann es hilfreich sein, die Muster und Trends im Feedback der Tester zu erkennen. Vielleicht gab es bestimmte Features oder Aspekte des Prototyps, die von allen Testern positiv bewertet wurden. Oder es gab gemeinsame Kritikpunkte, die auf Verbesserungsbedarf hinweisen.

Es ist auch wichtig zu bedenken, dass nicht jedes Feedback gleich gewichtet werden muss. Manchmal kann ein kritisches Feedback von einem Tester, der nicht zur Zielgruppe gehört, weniger relevant sein als das Feedback von einem Tester, der zur Zielgruppe gehört und das Produkt tatsächlich nutzen würde.

Am Ende hängt die Entscheidung, ob die Idee weiterverfolgt wird oder nicht, von vielen Faktoren ab. Es kann sein, dass das Feedback eindeutig positiv ist und die Idee großes Potenzial hat. Oder es kann sein, dass es viele Herausforderungen gibt, die noch gelöst werden müssen, bevor das Produkt auf den Markt gebracht werden kann.

Egal wie die Entscheidung ausfällt, die Arbeit des Sprints war ein wertvoller Prozess. Es hat geholfen, das Produkt besser zu verstehen und zu verbessern, und es hat gezeigt, wie wichtig es ist, Feedback von potenziellen Nutzern einzuholen, um ein erfolgreiches Produkt zu entwickeln.

Gold Goal: Wie geht es weiter?

Wenn du dich dazu entschließt, die Idee großzumachen, ist es wichtig, einen klaren Plan für die Umsetzung zu haben. Eine Methode, die dabei helfen kann, ist die OKR-Strategie. OKR steht für Objectives and Key Results und ist eine Methode zur Festlegung von Unternehmenszielen und deren Messung.

Das Ziel wird dabei in einem kurzen Satz als Objective formuliert, der angibt, was erreicht werden soll. Anschließend werden für jedes Objective mehrere Key Results definiert, die quantifizierbare Ziele darstellen und dazu dienen, den Fortschritt des Objectives zu messen.

Wichtig ist, dass man bei der Umsetzung der OKRs immer das „Wofür" im Blick behält. Warum möchte man das Objective erreichen? Was ist das übergeordnete Ziel, das man damit verfolgt? So kann man sicherstellen, dass die Entscheidungen und Handlungen immer im Einklang mit der Vision und Mission des Unternehmens stehen.

Das OKR-Modell kann helfen, eine klare Strategie für die Umsetzung einer Idee zu entwickeln, so dass man auf dem richtigen Weg bleibt. So kann man den Fortschritt messen, Hindernisse identifizieren und Anpassungen vornehmen, um das Ziel zu erreichen.

OKR (Objectives and Key Results) ist eine Methode zur Zielsetzung und Messung von Fortschritten in Unternehmen. Es basiert auf der Idee, dass Ziele klar definiert werden sollten und dass Fortschritte auf dem Weg zur Erreichung dieser Ziele regelmäßig überwacht werden sollten.

Das OKR-Framework besteht aus zwei Hauptkomponenten: Objectives und Key Results. Objectives sind klare und konkrete Ziele, die erreicht werden sollen. Key Results sind messbare Ergebnisse, die zeigen, ob ein Ziel erreicht wurde oder nicht.

Um eine OKR-Strategie zu implementieren, ist es wichtig, zunächst die Objectives zu definieren. Dies kann durch eine umfassende Analyse des Marktes und der Unternehmensziele erfolgen. Die Objectives sollten klar, spezifisch und messbar sein und mit den Unternehmenszielen und der Vision des Unternehmens übereinstimmen.

Sobald die Objectives definiert sind, müssen die Key Results festgelegt werden, um den Fortschritt auf dem Weg zur Erreichung dieser Ziele zu messen. Die Key Results sollten quantitativ messbar sein und eine klare Verbindung zu den Objectives aufweisen.

Ein wichtiger Aspekt bei der Implementierung einer OKR-Strategie ist die regelmäßige Überwachung des Fortschritts. Hierbei sollten die Key Results regelmäßig überprüft und angepasst werden, damit diese immer noch relevant sind und den Zielen entsprechen.

Durch die Verwendung von OKRs können Unternehmen sicherstellen, dass sie auf Kurs bleiben und dass ihre Ziele klar und transparent sind. Eine erfolgreiche OKR-Strategie kann dazu beitragen, dass Unternehmen erfolgreich wachsen und sich weiterentwickeln.

Während meiner Recherche ist mir aufgefallen, dass ich mit dem Warum und dem Goldenen Kreis der Kommunikation gestartet bin. Vom Warum über das Wie zum Was. Nach dem Sprint kam ich zur Entscheidung, etwas Großes zu machen mit einer OKR-Strategie. Wieder zurück zum Was, über das Wie zum nächsten Warum. Somit konnte ich zum ersten Mal den Kreislauf einer agilen Methode sinnvoll schließen und ein System schaffen, das unendlich viele Möglichkeiten eröffnet, eröffnen kann und wird.

Du hast nun die 5B-Strategie kennengelernt und weißt, dass es möglich ist, scheinbar Unmögliches möglich zu machen. Verwende diese Strategie in deinem Leben und deinem Business, um dein Potenzial zu entfalten und deine Ziele zu erreichen. Beginne mit dem Betrachten deiner Ideen und Herausforderungen aus verschiedenen Blickwinkeln und stelle sicher, dass du sie mit deinen Werten und Überzeugungen in Einklang bringst. Entwickle dann einen Plan und setze ihn um, indem du dich auf die kleinen Schritte und Erfolge konzentrierst und dein Feedback nutzt, um Anpassungen vorzunehmen. Schließlich halte dich an deine Ziele und gehe beharrlich voran, selbst wenn du auf Hindernisse triffst. Mit der 5B-Strategie hast du das Potenzial, Großes zu erreichen und deine Träume zu verwirklichen.

Ich wünsche dir alles Gute auf deinem Weg, um Unmögliches möglich zu machen. Denke immer daran, dass du mit der richtigen Strategie und dem richtigen Mindset jede Herausforderung meistern kannst. Nutze die 5B-Strategie, um dein Ziel zu definieren, dein Team zu motivieren, deinen Plan zu erstellen, deine Fortschritte zu überwachen und deine Strategie zu verbessern. Sei mutig, sei entschlossen und sei erfolgreich! Sei ErfolgReicher!

Schlussbemerkung

Das Buch „ErfolgReicher" behandelt das Thema der persönlichen und beruflichen Erfolgserreichung auf eine praxisorientierte und motivierende Art und Weise. Es vermittelt dem Leser, dass Erfolg kein Zufall ist, sondern das Ergebnis von Zielsetzung, Durchhaltevermögen und Disziplin.

Das Buch zeigt, dass es möglich ist, selbst Unmögliches zu erreichen, wenn man seine Ziele klar definiert und eine klare Strategie verfolgt. Die 5B-Strategie wird als Werkzeug für den Leser präsentiert, um ihn auf seinem Weg zum Erfolg zu unterstützen.

Durch praxisnahe Beispiele, Anleitungen und Übungen vermittelt das Buch nicht nur das notwendige Wissen, sondern auch die leicht umsetzbare Methode samt Checklisten, um die 5B-Strategie erfolgreich anzuwenden.

Insgesamt ist „ErfolgReicher" ein inspirierendes Buch, das jedem Leser, der seine Ziele erreichen will, empfohlen werden kann. Es ermutigt den Leser, sein Leben in die Hand zu nehmen und seinen eigenen Erfolgsweg zu gestalten. Mit den Werkzeugen und Methoden, die in diesem Buch vermittelt werden, kann jeder seine Träume in die Realität umsetzen. Sei ErfolgReicher!

Die 5Bs-Strategie

Ideen und Ziele mit Erfolgsanspruch lebendig machen

von:

ALEXANDER NIGGEMANN

Abb. 32: Die 5B-Strategie „Sei Erfolg-Reicher"

Checklisten

Checkliste 1:
Die 5B-Strategie im Überblick

1. **Zielsetzung und Vorbereitung**
   - Ziel definieren und aufschreiben.
   - Ziel-Fragen formulieren.
   - Potenzielle Risiken identifizieren und mithilfe der WKW-Methode in Chancen umwandeln.
   - Benötigte Ressourcen und Unterstützer identifizieren.
2. **Reverse Engineering**
   - Beginne mit dem Endziel und arbeite rückwärts.
   - Erstelle eine Prozessbeschreibung.
   - Identifiziere Schlüsselakteure und Hauptverantwortliche.
3. **Inspiration und Ideensammlung**
   - Überprüfe bestehende Lösungen und Ansätze.
   - Suche in verschiedenen Branchen nach Inspiration.
   - Sammle visuelle Eindrücke und Notizen.
4. **Prototyping und Visualisierung**
   - Erstelle eine erste grobe Skizze deines Ziels.
   - Nutze die „Verrückten 8"-Methode, um verschiedene Varianten zu skizzieren.
   - Wähle die besten Elemente aus und erstelle ein finales Bild.
5. **Teamarbeit und Prototypenbau**
   - Verteile Rollen im Team.
   - Baue einen Prototyp basierend auf den gesammelten Ideen.
   - Führe einen Probelauf durch.
6. **Beobachtungsinterviews**
   - Bereite Testinterviews vor.
   - Führe Interviews durch und dokumentiere die Ergebnisse.
   - Analysiere die Ergebnisse und identifiziere Verbesserungsmöglichkeiten.

Checkliste 2:
B wie Buddies – Beeinflussung durch soziale Beziehungen

1. **Selbstreflexion**
   - Überlege, mit welchen 5 Personen du die meiste Zeit verbringst.
   - Notiere diese Personen und wie sie dich beeinflussen.
2. **Bewertung von Beziehungen**
   - Kategorisiere jede dieser Beziehungen: Positiv (+), Negativ (-) oder Neutral (n).
   - Überlege, wie lange diese Personen bereits in deinem Leben sind.
3. **Einfluss der „zweiten Reihe"**
   - Liste die Freunde deiner engsten Kontakte auf.
   - Bewerte ihren Einfluss auf dich, auch wenn er indirekt ist.
4. **Gesamtbild betrachten**
   - Sieh dir das Netzwerk deiner Beziehungen an und erkenne Muster.
   - Überlege, welche Strömungen auf dich einwirken.
5. **Veränderung und Anpassung**
   - Identifiziere Beziehungen, die möglicherweise geändert oder verbessert werden müssen.
   - Überlege, wie du dein Umfeld ändern kannst, um positive Einflüsse zu fördern.
6. **Mentoring**
   - Suche nach einem Mentor, der dir hilft, deine Ziele zu erreichen.
   - Überlege, ob du selbst als Mentor für jemand anderen fungieren könntest.

Checkliste 3:
B wie Brain – Deine Ziele visualisieren und erreichen

1. **Ziele definieren**
   - Erinnere dich an die Wichtigkeit klarer, schriftlich festgehaltener Ziele.
   - Formuliere klare und konkrete Ziele für dich.
2. **Rückblick auf eigene Erfahrungen**
   - Denke an Herausforderungen und wie sie dich dazu gebracht haben, deine Ziele und Pläne zu definieren.
   - Erinnere dich an Erfolge, die du durch klare Zielsetzung erreicht hast.
3. **Visualisierungsmethoden**
   - Erkunde verschiedene Techniken wie Mindmapping, Design Thinking oder Vision Boards.
   - Nutze einfache Methoden wie die Bierdeckelmethode, um Ideen zu skizzieren.
4. **Lernen von anderen**
   - Schau dir an, welche Techniken Freunde, Kollegen oder Studienkollegen nutzen.
   - Lerne von den Besten und entdecke neue Möglichkeiten zur Zielvisualisierung.
5. **Einfache Dokumentation**
   - Halte Ideen und Ziele so einfach wie möglich fest.
   - Nutze Baupläne, Skizzen oder einfache Zeichnungen, um Ideen zu teilen.
6. **Teilen und Feedback einholen**
   - Teile deine visualisierten Ziele mit Familie, Freunden oder Kollegen.
   - Hole dir Feedback und Anregungen, um deine Ziele zu verfeinern.

Checkliste 4:
B wie Body – Deine Werkzeuge und körperlichen Voraussetzungen

1. **Persönliche Ressourcen erkennen**
   - Überprüfe deine eigenen Fähigkeiten und körperlichen Voraussetzungen.
   - Liste deine verfügbaren Werkzeuge und Ressourcen auf.
2. **Kreativität nutzen**
   - Überlege, wie du Abfall oder alte Gegenstände wiederverwenden kannst.
   - Lass dich von Trends und Innovationen inspirieren.
3. **Hilfe aus dem Bekanntenkreis**
   - Frage Freunde und Nachbarn nach benötigten Werkzeugen oder Geräten.
   - Organisiere gemeinsame Projekte und nutze die vereinte Kraft.
4. **Planung und Organisation**
   - Erstelle einen klaren Plan für deine Projekte.
   - Sorge für klare Anweisungen und Aufgabenverteilung.
5. **Wertschätzung zeigen**
   - Danke den Menschen, die dir helfen, und zeige Anerkennung.
   - Feiere gemeinsame Erfolge und schaffe Win-win-Situationen.
6. **Zusammenarbeit mit Fremden**
   - Erkunde Möglichkeiten, mit externen Partnern oder Unternehmen zusammenzuarbeiten.
   - Nutze Leihangebote oder Dienstleistungen, die dir helfen, dein Projekt umzusetzen.

Checkliste 5:
B wie BlackBox – Dokumentation und Anpassung

1. **Verständnis der BlackBox**
   - Erkenne die Bedeutung der BlackBox als Werkzeug zur Dokumentation und Anpassung.
   - Verstehe den Unterschied zwischen Aufzeichnungen und Notizen.
2. **Einfache Werkzeuge nutzen**
   - Verwende Stift und Papier für schnelle und effektive Notizen.
   - Nutze übergroße Stifte und Post-its, um Ideen kurz und prägnant festzuhalten.
3. **Dokumentation erweitern**
   - Experimentiere mit visuellen Hilfsmitteln wie Knetmasse oder Legosteinen.
   - Nutze moderne Technologien wie Kameras, Mobiltelefone oder Podcasts zur Dokumentation.
4. **Professionelle Hilfe in Anspruch nehmen**
   - Überlege, ob ein professionelles Team zur Dokumentation sinnvoll ist.
   - Nutze externe Medien wie Zeitungen, Radio oder Fernsehen zur Erweiterung der Reichweite.
5. **Auswertung und Anpassung**
   - Führe Beobachtungsinterviews durch und werte die Ergebnisse aus.
   - Nutze Feedback von echten Menschen aus deiner Zielgruppe zur Anpassung deiner Arbeit.
6. **Pareto-Prinzip anwenden**
   - Konzentriere dich auf die 20 % der Ursachen, die für 80 % der Ergebnisse verantwortlich sind.

- o Identifiziere die kritischen Faktoren, die den größten Einfluss auf deine Ergebnisse haben.

7. **Effizienz steigern**
    - o Vermeide es, unnötige Zeit und Energie in weniger wichtige Aspekte zu investieren.
    - o Fokussiere dich auf die wesentlichen Punkte und strebe nach maximaler Effektivität.

Checkliste 6:
B wie Business – Strategiebildung und Umsetzung – Die 5Bs in Aktion

1. **Literatur als Grundlage**
   - Lese relevante Bücher zu Business-Strategien und -Methoden.
   - Integriere die Erkenntnisse in deine eigene Strategie.
2. **Strategieentwicklung**
   - Kombiniere verschiedene Ansätze für eine umfassende Strategie.
   - Entwickle eine maßgeschneiderte Strategie, die deinen Bedürfnissen und Zielen entspricht.
3. **Agile Methoden**
   - Nutze den Sprint-Ansatz für schnelle und zielgerichtete Entscheidungen.
   - Führe den Sprint in fünf Schritten durch:
     - Problemidentifikation
     - Lösungsskizzierung
     - Entscheidungsfindung
     - Prototyperstellung
     - Prototypentestung
4. **Vorbereitung**
   - Definiere die richtige Herausforderung.
   - Stelle das passende Team zusammen.
   - Plane genügend Zeit und Raum für den Sprint.
5. **Herausforderungen erkennen**
   - Identifiziere Situationen, in denen ein Sprint besonders nützlich sein kann.
   - Nutze den Sprint, um große Herausforderungen zu bewältigen, gegen die Zeit zu arbeiten oder aus einer Sackgasse herauszukommen.

6. **Teamzusammenarbeit**
   - o Stelle sicher, dass jedes Teammitglied eine klare Rolle und Verantwortung hat.
   - o Nutze die unterschiedlichen Meinungen und Perspektiven im Team.
   - o Plane Pausenzeiten und schalte Telefone und Computer aus, um den Fokus zu behalten.
7. **Ergebnisbewertung**
   - o Überprüfe nach Abschluss des Sprints die Ergebnisse.
   - o Stelle sicher, dass du die richtige Richtung eingeschlagen hast und ob Anpassungen erforderlich sind.

Start - Up

**Checkliste: B – Buddies;
das Buddies A-Team seine B – Body Werkzeuge**

1. **Teamzusammenstellung**
   - Stelle sicher, dass jedes Teammitglied eine klare Rolle und Verantwortung hat.
   - Überlege, welche Talente und Fähigkeiten für die Herausforderung nützlich sind.
   - Integriere den Entscheider frühzeitig in den Prozess.
2. **Experten im Sprint-Team ein Beispiel Team:**
   - Der Entscheider: Vertritt die Vision und Ziele des Unternehmens.
   - Vertriebsexperte: Kennt die Bedürfnisse der Kunden und den Verkaufsprozess.
   - Marketingexperte: Hilft bei der Entwicklung einer klaren Markenbotschaft.
   - Technikexperte: Bewertet technische Machbarkeit und unterstützt bei Implementierung.
   - IT-Experte: Unterstützt bei Softwarelösungen und Systemintegration.
3. **Einbindung von Gastbeiträgen**
   - Lade Experten zu Gastbeiträgen ein, um das Team zu inspirieren und neue Perspektiven zu bieten.
4. **Moderation**
   - Bestimme einen neutralen Moderator, der nicht der Entscheider ist.
   - Der Moderator sollte effektiv kommunizieren können und eine unvoreingenommene Einstellung haben.

5. **Zeit und Raum**
   - o   Reserviere 5 volle Tage für den Sprint.
   - o   Nutze einen neutralen Raum außerhalb des Unternehmens, um Ablenkungen zu minimieren.
6. **Die „Keine-Geräte-Regel"**
   - o   Halte Meetings und Workshops ohne elektronische Geräte ab.
   - o   Nutze Geräte nur, wenn sie für die Arbeit unerlässlich sind.
7. **B – Body: Werkzeuge für den Erfolg**
   - o   Nutze den TimeTimer, um die Zeit effektiv zu nutzen und den Fokus zu behalten.
   - o   Verwende Whiteboards und rechteckige Post-its, um Ideen und Konzepte visuell darzustellen.

Checkliste: Buddies and Brain – Dein 5B-Strategie-Sprint

1. Schritt / Tag 1

1. **Status quo visualisieren**
   - o Vom Ende her denken:
     - Projekt rückwärts betrachten und langfristiges Ziel festlegen.
     - Brainstorming-Session durchführen und alle Ideen sammeln.
     - Ideen gruppieren und kategorisieren.
     - Langfristiges Ziel auf Whiteboard notieren.
     - Kurze Pause (5-15 Minuten) einlegen.
   - o Sprint-Fragen erstellen:
     - Liste mit Sprint-Fragen auf zweitem Whiteboard erstellen.
     - Annahmen und Fragen diskutieren.
     - Kurze Pause (5-10 Minuten) einlegen, falls nötig.
   - o Stakeholder und Ziele visualisieren:
     - Liste der Stakeholder auf der linken Seite des Whiteboards erstellen.
     - Langfristiges Ziel auf der rechten Seite notieren.
     - Routenverlauf vom Ziel zu den Stakeholdern aufzeichnen.
   - o Funktionalen Fahrplan erstellen:
     - Fahrplan mit Wörtern, Pfeilen und Kästen visualisieren.
     - Schritte miteinander verbinden und logischen Verlauf sicherstellen.
     - Feedback vom Team einholen und Fahrplan anpassen.
   - o Feedback für den Fahrplan einholen:
     - Experten einladen und Gespräche führen.
     - Sprint vorstellen und Whiteboards erklären.
     - Expertenfeedback sammeln und notieren.
     - WKW-Methode anwenden und Notizen organisieren.

Checkliste: Buddies and Brain – Dein 5B-Strategie-Sprint

2. Schritt / Tag 2

1. **Verständnis für Neu-Kombination**
   - Beispiele von Unternehmen wie Apple und Zipcar studieren.
   - Überlegen, wie Neu-Kombination in Ihrem Unternehmen angewendet werden kann.
2. **Sprint-Blitz Methode**
   - Bekannte Ideen:
     - Liste der bekannten Ideen erstellen.
     - Timer auf 10 Minuten stellen.
     - Jeder präsentiert seine Ergebnisse in 3 Minuten.
   - Business-Ideen anderer Unternehmen:
     - Liste inspirierender Business-Ideen erstellen.
     - Timer auf 10 Minuten stellen.
     - Jeder präsentiert seine Ergebnisse in 3 Minuten.
     - Unbekannte Ideen:
     - Internet- und Zeitschriftenrecherche durchführen.
     - Timer auf 10 Minuten stellen.
     - Jeder präsentiert seine Ergebnisse in 3 Minuten.
3. **Blitzdemos**
   - Jeder präsentiert seine Ideen in 3 Minuten.
   - Notizen zu guten Ideen auf dem Whiteboard machen.
   - Fragen: „Welche gute Idee verbirgt sich hier, die uns nützlich sein könnte?"

4. **Lösungsskizzierung in vier Schritten**
   o Vorbereitungsphase:
   - Ziele, Chancen und Inspirationen notieren.
   - Timer auf 20 Minuten stellen.

   o Grobe Skizzierung:
   - Schnelle Skizzen der Lösungsansätze erstellen.
   - Timer auf 20 Minuten stellen.

   o „Die verrückten 8":
   - Acht schnelle Skizzen von alternativen Ideen erstellen.
   - Timer auf 8x1 Minute stellen.

   o Abschließende Lösungsskizze:
   - Detaillierte Lösungsskizze erstellen.
   - Timer auf 30 Minuten oder mehr stellen.

5. **Auswahl der fünf Interviewgäste**
   o Social Media Aufruf starten.
   o Fragebogen über Google Forms teilen.
   o Fünf Personen basierend auf Kriterien auswählen.
   o Interviews vorbereiten und dokumentieren.

Checkliste für Tag 3: Buddies, Brain and Body

3. Schritt / Tag 3

1. **Vorbereitung**
   - Stelle sicher, dass alle benötigten Materialien vorhanden sind: Post-its, Klebepunkte, Stifte, Whiteboards, Abdeckklebeband.
   - Reserviere einen großen Raum mit genügend Wandfläche für die Lösungsskizzen und das Storyboard.
2. **Kunstgalerie**
   - Hängen alle Lösungsskizzen in einer Reihe an die Wand, sodass sie wie in einer Kunstgalerie ausgestellt sind.
   - Betrachtet jede Skizze ohne Diskussion.
3. **Heatmap**
   - Verteile Klebepunkte an alle Teilnehmer.
   - Jeder betrachtet still die Lösungsskizzen und klebt Punkte neben interessante oder überzeugende Elemente.
   - Bei Fragen oder Zweifeln, notiere diese auf Haftzetteln und kleben sie unter die entsprechende Skizze.
4. **Kurzkritik**
   - Bespreche jede Lösungsskizze in der Gruppe (maximal 3 Minuten pro Skizze).
   - Notieren Sie herausragende Ideen auf Haftzetteln und kleben sie über die Skizzen.
   - Der Ersteller der Skizze bleibt bis zum Ende still und gibt dann Feedback.
5. **Abstimmung Generalprobe**
   - Verteile an jeden Teilnehmer einen Klebepunkt.
   - Jeder wählt still seine favorisierte Skizze aus.
   - Nach der stillen Abstimmung erklärt jeder kurz seine Wahl.

6. **Abschließende Abstimmung**
   - o Der Entscheider erhält drei Klebepunkte und trifft die endgültige Entscheidung über die zu entwickelnde Lösung.
7. **Storyboard-Erstellung**
   - o Zeichnen Sie ein Gitter für das Storyboard.
   - o Füllen Sie das Storyboard mit den wichtigsten Szenen und Handlungssträngen des Prototyps.
   - o Nutzen Sie Haftnotizzettel, um Ideen und Feedback hinzuzufügen.
8. **Feedback und Überarbeitung**
   - o Überprüfe das Storyboard als Team und nehmen Sie notwendige Änderungen vor.
   - o Stelle sicher, dass das Storyboard klar und verständlich ist und den Fokus auf die wichtigsten Elemente legt.
9. **Abschluss**
   - o Fasse die Ergebnisse des Tages zusammen und plane die nächsten Schritte für den vierten Tag des Design Sprints.
10. **Aufräumen**
    - o Bewahre alle Materialien und Notizen auf, die am nächsten Tag benötigt werden.
    - o Stelle sicher, dass der Raum für den nächsten Tag vorbereitet ist.

Checkliste für Tag 4: Prototyping

4. Schritt / Tag 4

1. **Vorbereitung**
   o Überprüfe das Storyboard vom Vortag.
   o Stelle sicher, dass alle benötigten Materialien und Werkzeuge bereitliegen.
2. **Prototyp-Erstellung**
   o Wähle das passende Instrument oder Werkzeug für den Prototyp (z.B. Stift und Papier, CAD-Modelle, 3D-Druck).
   o Teile die Aufgaben unter den Teammitgliedern auf, basierend auf ihren Fähigkeiten und Erfahrungen.
   o Bringe alle Aspekte und Anforderungen des Projekts zusammen.
   o Teste den Prototyp durch einen Probelauf, um Schwachstellen oder fehlende Funktionalitäten zu identifizieren.
3. **Teamarbeit und Rollenverteilung**
   o Macher: Erstelle den eigentlichen Prototyp.
   o Zusammensetzer: Füge die verschiedenen Teile des Prototyps zusammen.
   o Schreiber: Dokumentiere alle relevanten Informationen und Anweisungen.
   o Requisiteur: Beschaffe alle benötigten Materialien und Werkzeuge.
   o Interviewer: Sammle relevante Informationen von Stakeholdern oder Experten.
4. **Storyboard-Integration**
   o Teile den Inhalt des Storyboards unter den Teammitgliedern auf.
   o Halte ein gemeinsames Treffen ab, um das Storyboard im Detail zu besprechen.
   o Vereinbare klare Richtlinien für die Umsetzung der Szenen.

5. **Probelauf**
   - Probiere den Prototyp aus und identifiziere mögliche Probleme und Schwachstellen.
   - Diskutiere und notiere mögliche Verbesserungen.
   - Überprüfe den Prototyp erneut und stelle sicher, dass er den gewünschten Effekt hat.
   - Mache die notwendigen Anpassungen basierend auf dem Feedback vom Probelauf.
6. **Vorbereitung für den nächsten Tag**
   - Stelle sicher, dass alle Teammitglieder bereit sind für die Präsentation.
   - Überprüfe, ob alle Fragen für den Sprint vorbereitet sind und ob sie sinnvoll sind.
7. **Abschluss**
   - Kommuniziere regelmäßig mit dem Team, um sicherzustellen, dass alle auf dem gleichen Stand sind.
   - Halte ein abschließendes Meeting ab, um den Tag zu reflektieren und sich auf den nächsten Tag vorzubereiten.

Checkliste für Tag 5, den letzten Tag des Sprints

5. Schritt / Tag 5

1. **Vorbereitung auf die Kundeninterviews**
   - Überprüfe den Prototypen.
   - Stelle sicher, dass alle Teammitglieder ihre Rollen kennen.
   - Bereite die Sprint-Fragen und Fragen zum Prototypen vor.
2. **Durchführung der Kundeninterviews**
   - Wähle die richtige Zielgruppe aus.
   - Stelle offene und relevante Fragen.
   - Höre aktiv zu und mache Notizen.
3. **Feedback sammeln und analysieren**
   - Sammle alle Rückmeldungen.
   - Diskutiere die Ergebnisse im Team.
   - Identifiziere Stärken und Schwächen des Prototyps.
4. **Entscheidung treffen**
   - Basierend auf dem Feedback, entscheide, ob der Prototyp weiterentwickelt wird oder ob das Konzept überdacht werden muss.
5. **Verwendung der Beobachtungsmatrix**
   - Organisiere Feedback auf einem Whiteboard.
   - Erkenne Muster und Trends.
   - Nutze die Ergebnisse zur Verbesserung des Produkts.
6. **Abschlussbesprechung**
   - Hole Feedback von allen Teammitgliedern ein.
   - Reflektiere den gesamten Sprint-Prozess.
   - Definiere den nächsten Schritt.

Tipps für das Interview

- Sei freundlich und einladend.
- Stelle offene Fragen.
- Präsentiere den Prototyp klar und verständlich.
- Gib dem Kunden genügend Zeit, um Feedback zu geben.
- Sei offen für Kritik und Anregungen.

Zusätzliche Hinweise

- Betrachte den Sprint als Lernprozess.
- Nutze die 5B-Strategie, um Erfolg zu erzielen.
- Sei immer bereit, Anpassungen vorzunehmen und flexibel zu sein.

Checkliste 7: Für die Entscheidungsfindung nach dem Sprint „Entscheidung und Weiterentwicklung"

1. **Rückblick auf den Sprint**
    - Überprüfe alle Ergebnisse und Feedbacks des Sprints.
    - Diskutiere die Höhepunkte und Herausforderungen des Prozesses.
2. **Analyse der Kundeninterviews**
    - Werte alle gesammelten Daten und Feedbacks aus den Kundeninterviews aus.
    - Identifiziere wiederkehrende Themen oder Anliegen.
3. **Bewertung des Prototyps**
    - Überlege, ob der Prototyp den Anforderungen und Erwartungen entspricht.
    - Diskutiere mögliche Verbesserungen oder Änderungen.
4. **Entscheidung über die nächsten Schritte**
    - Entscheide, ob der Prototyp in die Produktion gehen soll, weiter getestet oder überarbeitet werden muss.
    - Legt fest, welche Ressourcen oder Unterstützung für die nächsten Schritte benötigt werden.
5. **Planung der Umsetzungsphase**
    - Erstelle einen detaillierten Plan für die Umsetzung, einschließlich Zeitrahmen, Budget und Ressourcen.
    - Bestimme die Rollen und Verantwortlichkeiten für jedes Teammitglied.
6. **Integration der OKR-Strategie**
    - Definiere klare Ziele und Ergebnisse basierend auf den Erkenntnissen des Sprints.
    - Erstelle einen Aktionsplan, um diese Ziele zu erreichen, unter Verwendung der OKR-Strategie.

7. **Feedback und kontinuierliche Verbesserung**
   o   Implementiere einen Prozess zur regelmäßigen Überprüfung und Anpassung des Projekts.
   o   Sammle weiterhin Feedback von Kunden und Stakeholdern.
8. **Abschluss und Reflexion**
   o   Halte ein abschließendes Meeting mit dem gesamten Team.
   o   Reflektiere den gesamten Prozess, was gut gelaufen ist und was in Zukunft verbessert werden kann.

Tipps für die Entscheidungsfindung:

- Bleibe objektiv und basiere Entscheidungen auf Daten und Fakten.
- Konsultiere das Team und andere Stakeholder, um eine breite Perspektive zu erhalten.
- Sei bereit, Pläne anzupassen, wenn neue Informationen oder Herausforderungen auftauchen.

Zusätzliche Hinweise:

- Die Entscheidungsfindung nach dem Sprint ist entscheidend für den Erfolg des Projekts.
- Die Integration der OKR-Strategie kann helfen, klare Ziele zu setzen und den Fortschritt zu messen.
- Die kontinuierliche Verbesserung und Anpassung sind Schlüssel zum langfristigen Erfolg.

Mit diesen Checklisten bist du gut vorbereitet, um nach dem Sprint informierte Entscheidungen zu treffen und den Weg für die erfolgreiche Umsetzung deines Projekts zu ebnen.

Autor: Alexander Niggemann

Experte für frische Unternehmenswerte

Alexander Niggemann ist Experte für frische Unternehmenswerte und als Speaker, Autor der Bücher #GernePerDu, WunderWerte, Weltklasse Miteinander uvm., Moderator und Entwickler der 5B-Strategie tätig. Als Ideengeber für Business Events, wie „Unternehmenswerte frisch geröstet" und dem #CatchUpCall ist er ein Vorreiter in der Branche und ein anerkannter Experte für Personal Branding und Business-Entwicklung. Seine Masterclass und persönlichen Beratungen helfen Unternehmen bei der Umsetzung ihrer Ideen und Erreichung ihrer Ziele.

https://alexanderniggemann.com

https://www.linkedin.com/in/alexander-niggemann

erfolgreicher@alexanderniggemann.com (Checklisten)